拥抱自己敏感而脆弱的地方，

积极的改变就会发生。

# 有什么问题，
# 说出来就好了

[韩] 李东龟 著

简郁璇 译

北京日报出版社

图书在版编目（CIP）数据

有什么问题，说出来就好了 /（韩）李东龟著；简郁璇译. — 北京：北京日报出版社，2022.1
ISBN 978-7-5477-4088-0

Ⅰ.①有… Ⅱ.①李…②简… Ⅲ.①心理交往－通俗读物 Ⅳ.①C912.11-49

中国版本图书馆CIP数据核字(2021)第184549号

著作权合同登记 图字：01-2021-6169号

서른이면 달라질 줄 알았다
Copyright © Lee Dong-gwi 2016
All rights reserved.
Original Korean edition published by BOOK21 Publishing Group

Simplified Chinese edition Copyright © 2022 by Beijing Zito Books Co., Ltd.
This Chinese edition published by arrangement with BOOK21 Publishing Group through Shinwon Agency Co., Seoul
本书中文译文由木马文化事业股份有限公司授权使用

## 有什么问题，说出来就好了

| | |
|---|---|
| 责任编辑： | 史　琴 |
| 助理编辑： | 秦　姚 |
| 监　　制： | 黄　利　万　夏 |
| 特约编辑： | 张久越　胡　杨 |
| 营销支持： | 曹莉丽 |
| 版权支持： | 王福娇 |
| 装帧设计： | 紫图装帧 |
| 出版发行： | 北京日报出版社 |
| 地　　址： | 北京市东城区东单三条8-16号东方广场东配楼四层 |
| 邮　　编： | 100005 |
| 电　　话： | 发行部：（010）65255876 |
| | 总编室：（010）65252135 |
| 印　　刷： | 艺堂印刷（天津）有限公司 |
| 经　　销： | 各地新华书店 |
| 版　　次： | 2022年1月第1版 |
| | 2022年1月第1次印刷 |
| 开　　本： | 880毫米×1230毫米　1/32 |
| 印　　张： | 6.5 |
| 字　　数： | 120千字 |
| 定　　价： | 49.90元 |

版权所有，侵权必究，未经许可，不得转载

# 作者序
PROLOGUE

## 这个世界和人际关系
## 令你感到疲惫吗？

回想过去 20 余年，我在心理咨询与教学现场遇见过无数的人，通过带着各自烦恼与希望的他们，我开始反思，"我们为什么会感到压力？""什么才能带来正面变化？"也因为遇见许多梦想改变的 30 岁的人，我开始思考，"人们改变的真正意义是什么？"

未满 30 岁的人，以为过了 30 岁工作、爱情都会顺利，以为只要到了那时，在人际关系中的敏感性格就会改变。然而，事实却不是如此。未来充满不确定，要承担的责任不断增加，我们依然过着被他人所伤也伤害他人的人生。看着自己努力这

么多年,到了 30 岁还毫无起色,我们觉得人生如此艰难。或许正因为如此,有人说,30 岁代表的是不成熟,还有人说,30 岁代表的是悲伤。

30 岁,其实只是一个寻找真实自我的人生阶段。此时,我们无法避免经历挫折,或许自己也不如想象中那么完美。

与其说人生的成长过程是一条垂直陡峭的直线,不如说它是坡度平缓的螺旋曲线更为恰当。因此,人们在漫长的成长过程中,并不会因为到了 30 岁就发生明显的变化。30 岁,也有不改变的自由,而不是必须改变。尤其是性格敏感、经常替他人着想的人,即使过了 30 岁,仍会在人际关系中受伤,为此痛苦不已。为了走出无法被人理解的苦恼及创伤,迈向更美好的人生,他们依然在努力地改变自己。

面对敏感的他们,我能做的就是用心去倾听他们的故事。坦诚地讲,虽然我是一名心理咨询师,但很多时候我都会怀疑,我能否真正对他人产生共鸣和理解?此时此刻,我能做的不是我对他人的伤痛感同身受(理解),而是我想要感同身受(理解),这似乎是最好的回答了。

尽管如此,我仍有话想对那些超过 30 岁或即将满 30 岁的人说。在这个世界上,长相和你一样,想法也和你相同的只有你自己,你是独一无二的。最重要的是,你要拿出勇气来激励过去认真努力的你。希望你能带着自信与悸动,迎接人生的全新征程——接受自己原本的样子,以及 30 岁的自己。

本书将带给你无尽的力量。即使你对这个世界上的人际关系感到疲惫,你也在努力成为更好的人。有时,人生似乎很矛盾。为什么替他人着想的人更容易受伤呢?为什么问题在对方,痛苦的人却是我?难道我必须努力改变吗?为什么我一心想做好,也有计划改变,然而改变却如此困难?本书为这些问题提供了相关线索,最终帮你找到"最真实的自我"。

本书想要表达的主要内容有以下 3 点:

第一,你无法改变其他人。你能够改变的,只有自己对这个世界及他人的态度。

第二,请让他们活出他们的人生,而你也活出自己喜欢的人生。你的价值,并不取决于世界和别人对你的评价。

第三,接纳并认同自己原本的样子,以使内在发生真正的改变。

本书的前半部分,主要讲述关心他人、替他人着想的人,在人际关系中经历的苦恼和伤痛;后半部分则讲述追求内在成长的人感到痛苦的原因。因为人们的内在相互关联,所以各章节的部分内容自然也有所关联,希望本书传达的信息更自然地融入你的内心。你可以改变阅读顺序,从你感兴趣的内容开始阅读。

每章的内容基本上从我们常见的烦恼开始,所有的案例故事均以我从事心理咨询、生活指导，以及个人经历为基础而写。通过阅读本书，你会发现引起烦恼的原因，以及找到帮助你解决烦恼的心态和方法。在每章的最后，介绍了与主题相关的心理学知识和测试方法。

本书的主要内容是以我个人的观点或经验，以及多数人可能经历的故事为基础，如同面对面对话般娓娓道来，希望能为你的人生带来些许帮助。

在撰写本书时，我不禁想起我的博士课程的导师海夫纳教授。在人生的每时每刻，是他的激励让我成为一个积极向上、善于解决问题的人。"排斥某个人是件容易的事，但与他同行是更具价值的事。不要逃避，以正面积极的心态去面对吧！"我始终将教授说的话铭记于心。

此书献给对人际关系感到疲惫，但梦想有朝一日能有所改变的人们。

李东龟

## 目录 CONTENTS

### PART 1 写给对这个世界与人际关系感到疲惫的你

**CHAPTER 1**
**人一旦过了 30 岁就不会改变**
- 丈夫嘴上说爱我，却不肯改变　　　　　　　04
- 进一步了解：个人应对问题的方法　　　　　09

**CHAPTER 2**
**伤痕只会变浅，不会消失**
- 分手带来的后遗症　　　　　　　　　　　　14
- 进一步了解：和男/女朋友分手的方法　　　18

## CHAPTER 3
### 既然付出就不要期待回报
- 他怎么能这样对我? 20
- 进一步了解:隐藏沟通与心理游戏 26

## CHAPTER 4
### 明明是对方的问题,为什么却是我在生气?
- "功"归主管,"过"在于我 30
- 进一步了解:自我主张的对话法 1 34

## CHAPTER 5
### 从讨厌的人身上,看到童年的自己
- 爱插嘴的同事 38
- 进一步了解:自我主张的对话法 2 43

## CHAPTER 6
### 父母与孩子要互相理解
- 父母与孩子的观念存在差异 46
- 进一步了解:依恋的 4 种类型 52

## CHAPTER 7
### 进一步探索内心世界
- 主管没完没了地指责 56
- 进一步了解:垂直箭头法 62

## CHAPTER 8
### 为人处世如何做到"恰到好处"？
- 恰到好处地说话     66
- 进一步了解：寻找属于我的 Y 轴     70

## CHAPTER 9
### 善意并非有来有往
- 别把他人的善意当作理所当然     74
- 进一步了解：试着分析善意带来的结果     78

## CHAPTER 10
### 人生由你自己主宰
- 过于在意别人，会迷失自我     82
- 进一步了解：自我评价问卷     88

# PART 2　写给倾听内在声音的你

## CHAPTER 11
### 实践比思考更重要
- 做事拖延的人     96
- 进一步了解：拖延者的类型     101

## CHAPTER 12
### 如何应对"上台焦虑"？
- 在别人面前丢脸，怎么办？　　106
- 进一步了解：抑制思考的反效果　　110

## CHAPTER 13
### 完美主义者并不完美
- 无法满足的完美主义者　　114
- 进一步了解：完美主义的心理机制　　120

## CHAPTER 14
### 努力做一件事，总比什么都不做好
- 做事总是半途而废，是因为意志力薄弱吗？　　124
- 进一步了解：寻找变化的关键词　　130

## CHAPTER 15
### 斩断强迫思维与强迫行为的闭环
- 强迫症使我身心俱疲　　134
- 进一步了解：强迫症反驳练习　　140

## CHAPTER 16
### 现实疗法会带来正面变化
- 我要继续手忙脚乱的生活吗？　　144
- 进一步了解：现实疗法的 4 个阶段　　150

## CHAPTER 17
### 未来由你自己决定
- 考研和工作哪个好? 154
- 进一步了解:选择的利弊分析 160

## CHAPTER 18
### 只要方向正确,比别人晚点儿出发也无妨
- 选择做擅长的事还是感兴趣的事? 164
- 进一步了解:霍兰德职业兴趣自测 169

## CHAPTER 19
### 在倦怠与危机中寻找自我
- 我是谁,我的人生又在哪里? 172
- 进一步了解:抑郁症诊断标准与给自己的信 177

## CHAPTER 20
### 持之以恒,收获成功
- 学好英语是我必须面对的挑战 182
- 进一步了解:精熟目标导向与表现目标导向 187

一生中，我们会遇到无数形形色色的人。当你和有些人在一起时会感到无比幸福，而和另一些人在一起时却浑身不自在，经常觉得人际关系很复杂。

你总是替他人着想，却因此感到委屈、受到伤害。

即使你送礼物时带着美好的心意，对方也有可能讨厌那份礼物。

哪怕是出于真心，你也无法将对方改造成你想要的模样。请记住，你能改变的，只有你看待对方的态度。现在，请让他们活出他们的人生，而你也活出自己喜欢的人生！

别让他人定义你。在这世界上，能够定义你是什么样的人、该做什么事情的，只有一个人，那就是你自己。

PART

1

# 写给对这个世界与
# 人际关系感到疲惫的你

CHAPTER

# 1

## 人一旦过了
## 30 岁就不会改变

## 丈夫嘴上说爱我，却不肯改变

我们是新婚1个月的夫妻，但丈夫现在的行为与恋爱时截然不同，令我失望透顶。每当丈夫用完浴室，里面就变得乱七八糟，牙膏和剃须泡沫到处都是，吹风机从来不会物归原位。另外，丈夫总是把马桶圈掀起，害得着急上厕所、想都没想就坐下的我一身狼狈。相比丈夫恋爱时期干净利落的外貌，我深刻地领悟到，**结婚不是美好的幻想，而是再真实不过的现实**。

我每次用完浴室，都会替他人着想，把洗手台的水渍擦干，散落一地的发丝也清理干净，所以我对丈夫丝毫不体贴他人的行为难以接受。我要求过丈夫保持浴室的整洁，也为此发过脾气，但他每次稍作改变后，就会故态复萌。在反复经历相同的情况之后，我对丈夫感到既失望又生气，甚至怀疑："就连这点儿要求都无法做到，他是真的爱我吗？"同时，我也担忧日后要怎么和这样的男人共度数十年岁月。

## 学会接受"这个人原本就是这样"

通常，人们不会轻易改变。如果你想要改变 30 多岁的人，基本上都会失败。你可能会反驳，"你这样说的依据是什么？"或者你可能会讶异，人们确实不会轻易改变，但为什么偏偏是以 30 岁为基准？

"30 岁的人难以改变"，这个想法是基于我的咨询经验而来的。许多心理学家也认为，人的性格或气质不会轻易改变。外向的人大多比内向的人更容易感觉幸福，而这种倾向也同样不会轻易改变。在青少年到 20 多岁这段时期的重要课题之一就是形成"自己是什么样的人"的自我认同感，因此人们的想法可能会发生变化。从自我认同感相对稳定的 30 岁开始，内心建立清晰的价值观，并逐渐形成一个人的个性，因此不会轻易受到外界的影响而改变。

当然，即使过了 30 岁，也有可能因为非常特殊的情况，比如失去至亲、遭遇自然灾害、经历心理创伤等，产生新的领悟，导致性格或习惯发生改变，但几率很小。**如果你仔细观察那些经常因为人际关系而苦恼、感到痛苦不已的人们，就会发现他们试图将某个亲近的人改变成自己期望的模样的做法，通常会失败。**

你希望丈夫是一个爱干净的人，你认为使用浴室后要清理干净,这是对别人的一种照顾。你希望丈夫体贴自己,所以你想将把浴室弄得乱七八糟的他,改变成你喜欢的样子,但这种尝试最终可能失败,更容易在彼此相处的过程中产生各种摩擦。"如果丈夫爱我,至少能为我做这点儿事吧?"如果你经常产生这类想法,不但你们会对彼此感到失望,而且会说出伤害对方的话,最后对婚姻产生怀疑,导致夫妻关系面临危机。仔细想想,你有必要为了说服对方而互相伤害吗?你的信念只适用于自己,不能强求他人。

很多人会问:"为什么这个人非这么做不可?"接着开始寻找答案。其实,这类问题很难找到明确的答案或解释。即使找到答案,冲突也不会消失。因为"为什么"这个提问暗示着冲突的原因在对方,反而对改善关系毫无帮助。

这个人原本就是这样,他不是故意要折磨你。一个用自己的方式生活了30多年的人,当然很难改变。**如果你无法按照他人的信念或习惯改变,那么你也不该要求他人按照你的期望而改变,这样才公平吧**。只有你全然接受对方不会改变的事实,接下来的问题就是当冲突发生时,你要如何处理?

## 区分能改变与不能改变的事

第一,**请先认同"这个人原本就是这样"**。包括我在内,认同并接受过了30岁的人不会改变,也是使关系向正面转变的开始。我们经常对夫妻的性格进行测试,发现两人的性格大多不同。如果针对性格差异做进一步说明,反而能够改善夫妻关系。当事人意识到对方不是故意无视自己,而是因双方的性格差异发生冲突,他的失落感和想改变对方的意愿就会减少。

第二,冲突的责任是由双方共同承担的。有的人在生气时,很容易认为是对方惹自己生气;还有的人在类似情况下却不会发生冲突,或者即使面临冲突也不会发脾气。之所以发生冲突,是因为双方都很容易发脾气。由于冲突是双方共同制造的产物,所以你和对方都有责任。

第三,当你的脑海中出现"你到底为什么……"的想法时,请赶快停下来。"你每次都这样"或"你从来没有耐心听我说话"等语言会刺激对方,很可能会使彼此陷入"指责游戏"。一旦开始计较谁的过错更严重,无论事实如何,只会使双方都成为失败者。尽量不要使用"老是""绝对不""一次也没有"等武断的语气讲话。难道对方真的"一次也没有"听你说话吗?生气时,建议以"我"开头进行对话,比如"我本来希望我们的婚姻是那样的,但现实变成这样后,我觉得很不舒服"。这样讲话,既不会让对方感到被指责,又能明确地表达你的想法。

在心理学上,这种以"我"为主语开头的对话被称为"我感受"的表达法。这种句子尤其适用于发脾气的时候。相反，与经历痛苦的人说话时，则适用以"对方"为主语开头的句子，比如"你应该希望……""现在你一定很伤心吧"，这种对话被称为"你感受"。

**第四，发脾气并不能解决问题。当发生冲突时，生气只是情绪的一部分。**有时，当你无法抑制满腔怒火时，就需要将情绪发泄出来。**在很多情况下，你在情绪激动时说出的话，不仅很难表达自己真实的想法，而且容易激怒对方，最后得不到你想要的结果。**当你生气时，先取得对方的谅解，暂时离开现场，之后和对方冷静地交谈，这也是一个好方法。如果你忍不住发了脾气，请先真诚地向对方道歉。

**第五，仔细思考你发脾气的原因，然后将你在意的地方告诉对方。**有的人虽然能够忍耐别人对自己的指责，但还是忍不住对自己的家人，甚至对父母指责；有的人被拿来与他人比较时，就会怒不可遏，甚至吵得一发不可收拾；还有的人在说话时，如果对方插嘴，就会觉得对方不把自己放在眼里而闷闷不乐。

**每个人都有容易受伤的点，所以最好先了解自己在意什么、容易对哪些事情生气，然后告知对方，从而避免因为重复犯错误而导致双方关系恶化。**

请试着区分不能改变的事（对方）与能改变的事（我回应对方的方式）。

以下选自雷茵霍尔德·尼布尔（Reinhold Niebuhr）的"智慧箴言"：愿上帝赐予我平静，去接受那些我不能改变的事情；赐予我勇气，去改变那些我能够改变的事情；赐予我智慧，去分辨两者的不同。

## 进一步了解：个人应对问题的方法

为了解决发生的问题，个人所采取的行动称为"应对方式"。海夫纳与同事的研究表明，一个人的应对方式可以分为反思型、抑制型和回应型3种类别，而在韩国的研究也得出了相同结果。

⊙ **反思型**

掌握问题的因果关系后制订计划，通过系统的思考来解决问题。

⊙ **抑制型**

回避问题及回避采取行动来解决问题。

⊙ **回应型**

扭曲问题或出现情绪化的反应。

## 个人应对方式测量表

在日常生活中,当你遇到困难和问题时,你通常会怎么思考、感受如何或采取什么行动呢?请阅读每一项,在括号内写下相应的频率。测量表下方提供了计分方法和韩国大学生的平均分数。

| ① | ② | ③ | ④ | ⑤ |
|---|---|---|---|---|
| 几乎不是 | 有时 | 一半一半 | 经常 | 几乎都是 |

❶ 我不确定如何解决自己的问题。( )

❷ 我的行为无法维持到实际解决问题为止。( )

❸ 我会思考过去解决类似问题的方式。( )

❹ 通过了解情绪发生的原因,有助于确认和解决我的问题。( )

❺ 我感到很沮丧,所以我放弃做与我的问题相关的事情。( )

❻ 各种问题的解决方案带来的短期或长期后果。( )

❼ 想法会被问题困住,过度放大问题的某个部分。( )

❽ 对问题持续感到不舒服时,我必须付出更多努力。( )

❾ 过去的情绪会妨碍解决眼前的问题。( )

❿ 不采取解决问题的行动,而是做一些毫不相关的事(杂事),让时间一分一秒流逝。( )

⓫ 事先计划可避免问题发生，并提前做好准备。（　）

⓬ 通过系统的方法思考我的问题。（　）

⓭ 不亲自向对方确认我的结论是否正确，无法读懂对方的动机和情绪。（　）

⓮ 为了解决问题，会进一步了解我的情绪。（　）

⓯ 急于采取行动，导致问题恶化。（　）

⓰ 很难将注意力集中在问题上，心思散漫。（　）

⓱ 初次尝试解决问题但没有成功时，会有其他备选方案。（　）

⓲ 完全回避思考问题。（　）

## 计分方法

请将各项分数相加，得出总分，并和韩国大学生的平均分数做比较。

| 区分 | 反思型（7题） | 抑制型（6题） | 回应型（5题） |
|---|---|---|---|
| 题目 | ❸❹❻⓫ ⓬⓮⓱ | ❶❷❺ ⓰⓰⓲ | ❼❽❾ ⓭⓯ |
| 平均 | 23.46 | 14.48 | 14.24 |

CHAPTER

2

伤痕只会变浅，
　不会消失

## 分手带来的后遗症

1个月前,交往两年的女友与我分手了。我非常喜欢她,追了她很久,她才同意与我交往。因为她是我第一个认真交往的对象,所以分手给我带来的失落感难以言喻。3个月前,女友也曾提出分手,但我挽留住了她。遗憾的是,这份喜悦稍纵即逝,短短两个月后,女友没有特别说明原因,再次单方面要求分手。

和女友分手后,我的人生仿佛崩塌了,成绩直线下降,家庭也突然遭遇变故,这些不顺遂的现实处境使我感到悲痛欲绝。过去我把大部分心思都放在女友身上,和其他朋友少有来往;现在我独自一人,发现身边连半个能联络的朋友都没有。另外,想起自己还要偿还为女友过生日、过纪念日而欠下的债务,不禁觉得自己很没出息。几天前,我偶然看到她在校园里跟某个男生很亲昵的样子,心情久久不能平复。直到现在,我仍难以忘记她。我们才分手没多久,我每天度日如年,可她却已经交了新男友。我觉得遭到背叛,内心煎熬不已。

## 爱情的"受害者"

失恋本身就是极大的痛苦,而你经历单方面"被分手",我完全能理解你难以平复的心情。你和真心相爱的第一个女友分手,却连分手的理由都扑朔迷离,你只能强迫自己终结这段关系,这是何其困难的事啊!猜测分手的理由、惋惜彼此曾经的美好回忆、后悔你说过的话和做过的事,你一定感到混乱不堪吧?你们曾经共度很多美好时光,但现在关系说断就断,你自然会像螺丝松脱的机器般感到茫然失措。

乍看之下,你可能觉得爱情逝去,相爱的时光如泡沫般消失得无影无踪,但实际上你们相爱的时光将永存。即使你们分手,曾经共度的时光也具有重要的意义,它会随着时间的流逝而留下珍贵的回忆。

大多数失恋的人很容易困惑"为什么我要经历这种痛苦""为什么我一事无成",他们认为自己是爱情的受害者。如果他们又遭遇其他不顺遂的事,会加重作为"受害者"的感受。

不过,失恋后发生的事情中,虽然有些事(学习成绩退步)可能与失恋有关,但还有些事(家道中落)则是与失恋毫无关联的独立事件。然而,并不是所有失恋的人都会出现学习成绩退步的情况,所以每个人对失恋的反应不同。如果你把毫无关联的事件与失恋相提并论,除了增加自己的痛苦之外,并无任何帮助。

失恋后,有很多人会陷入"我做错什么了"的自责中,他们觉得提出分手的一方背叛了自己,为此愤愤不平。短时间内,这种情绪是分手的自然情绪反应,但如果持续太久,那就有问题了。被分手,并不代表分手的责任全部在对方。分手代表两人的爱情过了有效期,彼此之间合不来的地方如雪球般越滚越大。在很多情况下,人们很难找到分手的明确原因或触发的事件。爱情已经过了有效期,追究谁是谁非又有何意义呢?

珍藏美好的回忆,让痛苦的回忆随着时间流逝,这才是治愈失恋最好的方式。即使你竭力挽回这段关系,只要对方不愿意,也是无计可施。

恋人关系结束后,你们会重新开始新的生活。无论你的前女友或前男友在哪里、做了什么,那都是她/他的自由。你原本深受失恋之苦,而那些想象的画面更令你痛苦不堪。其实,你已经被这种"侵入性思考"深入影响,需要接受专家的指导。同时,建议你参考下文的强迫性思维与强迫性行为的内容。

## 面对失去的方法

除了失恋外,人的一生会因经历大大小小的失去而受伤。最令人悲伤的莫过于失去"挚爱(家人、朋友、宠物)"。你与

对方的关系越亲密、越长久,越会感到悲伤。虽然面对失去的具体方法有些偏离本章的主题,但我仍想在此分享几项要点:

第一,也许你该找人聊聊。比如,当你失去某位家人时,如果其他家人能够不时聊起离去的人,那么就可以帮你缓解和分担伤痛。倘若家人们对离去的人避而不谈,那么你抚平伤痛的过程会更加缓慢。

第二,越经常谈论离去的人,越能更好地疗愈悲伤。尽管如此,我们也不能强制自己克服悲伤。你可以看看你们的合照,回忆曾经美好的时光,或者尝试做祈祷来祝福离开的人。

第三,每年当那个失去对方的日子到来,你可能会陷入低落的情绪,这称为"纪念日反应"。如果你身边有这样的人,请你体谅他的反应。当那个特殊的日子到来,你最好多花点儿时间陪他一起过。

第四,极少数经历心理创伤或失去挚爱的人,在经过一段时间的情绪混乱后,心态会更加成熟。这是由美国心理学家乔治·博南诺(George Bonanno)教授发现的现象,称为"创伤后成长"。为了实现创伤后成长,**你需要与某人谈论创伤与失去,获得情感上的支持;同时,你也需要一个深思的过程,从而领悟新的人生意义**。你可以积极参加一些社会活动,或者与有相似经历的朋友交谈,这都会给你带来帮助。

### 进一步了解：和男/女朋友分手的方法

根据柯林斯（Collins, T. J.）和吉拉斯（Gillath, O.）的研究，人们在向男/女朋友提出分手时经常使用以下方法。请你思考，自己使用的是哪一种分手方式。

· 避免和对方见面。

· 表示对方没有任何问题，问题在自己，或者说服对方，分手对彼此都好。

· 直接告诉对方想结束恋人关系。

· 折磨对方，让对方先提出分手。为了制造分手的原因，与对方发生争执、做出恶劣的行为或提出过分的要求。

· 让周围的人先知道我想分手，再间接传到对方耳中。

· 通过社交网络或通信软件跟对方提出分手。

· 等待分手的适合时机，再顺水推舟，提出分手。

CHAPTER
3

# 既然付出就不要期待回报

## 他怎么能这样对我？

在人际关系里，我是自我牺牲的类型。我总是优先考虑他人的感受，尽量不把自己的立场强加于他人，但是事情的结果却与我的付出不成正比。维持良好的人际关系并不容易，就算刚开始两人关系很好，但往往对方说出一句无心的话，我就会感到很受伤，关系也就日渐疏远了。

我对男友全心全意地付出，可他却很少考虑我的感受。我会事先打听好他家人的生日，然后在生日前两天发信息提醒他，有时还会替他准备生日礼物。如果男友感冒了，即使我熬夜工作，也会亲自煮木瓜茶，装在保温瓶里送给他。

我从3个月前开始偷偷编织一件背心，想在圣诞节时送给男友，给他一个惊喜。在经历了不断拆开重织的过程后，我终于完成了这件诚意十足的礼物。翘首以盼的圣诞节到来，我满怀期待地把礼物送给男友，换来的却是他冷漠的回应："哦，我什么都没准备，毕竟我本来就没有送礼物的习惯。虽然很感谢你送我礼物,但是我不太喜欢穿背心。我觉得背心穿在夹克里显得很笨重,在室内穿又觉得热。你怎么不事先问我一声啊?"当时,我很想大吼:"我花了多少工夫才织完这件背心,你怎么能说这种话?"可我却欲言又止,因为咄咄逼人不是我的风格。我带着失望的心情回家,忍不住为过去对男友的付出而后悔。他怎么能这样对我?我似乎该离开这个男人了。

## 期望与失望的相互关系

你现在觉得很失落、很受伤,正在气头上。

"他怎么能说这种话?"

"他怎么能这样对我?"

"我付出了那么多,那是我精心准备的礼物,他竟然说出这种话!"

你努力地成为替他人着想的"好人",结果怎样呢?结果是你经常发现事与愿违。想到自己的付出白白浪费,于是你感到怒火中烧。久而久之,你总是处于自责的情绪,你不再对他人抱有期待,而变得冷漠无情。

**被曾经深信的人抛弃或背叛,犹如尚未穿上铠甲,就被长矛刺中般疼痛。**如果你有这种经历,或许会失去对他人的信赖,渐渐地关上心扉。我相信,此时也有许多人和你一样,对曾经深信的人大失所望，活在痛苦中。

其实，一段关系的结果不好，并不代表曾经的付出付诸东流。在你为对方付出的背后，充满珍惜彼此关系的情意。你为了让这段关系变得更好，甘愿付出时间与努力，朝着期望的方向竭尽全力。希望你至少别忘记自己曾经喜欢过那个人，以及你们共度的美好时光，犹如昨日般历历在目。

"他怎么能这样对我？"当然有可能了。假如你经常被某人伤害后反问这个问题，就有必要停下来好好思考自己的问题。希望你冷静地思考，你在这段关系中"最期待"什么。想必你在编织要送给男友的背心时，一定想象过他收到这份惊喜后大为感动的模样。

对某人怀有期待，而这份期待又能完全得到满足，这无疑是最完满的结局，但有时期望也会通往失望。当你听到他说"我不太喜欢穿背心"时，你的期望落空，产生失落的情绪。假如"期望"在铜板的正面，自然就有"失望"在铜板的背面。

男友收到一份诚心诚意的礼物，却说出冷漠无情的话，这种行为当然不可取。只不过如果类似的情况一再发生，或者你在和其他人相处中也经历过类似的伤害，你就有必要深入思考其中的缘由了。

在心理学中，我们通常会关注受伤的人坚信的"常识"。比如，以"如果做，就应该这样做"或"当然应该怎么样"的形式出现，有人称之为"道德标准"。但是，当这种"常识"与替他人着想的行为混为一谈时，你对他人的期望就会增加。**期望越高，失望越大。**

假如你认定自己的行为是为了对方好，而且当你问100位路人，至少有90人都赞同这是"好的"行为时，你的期望也会随之增加。换句话说，**我们怀有的善意与期望反而会折磨自己。**

我们会下意识地相信，其他人的想法跟自己差不多，但在问卷调查中，人们发生意见分歧的程度令人瞠目结舌。针对同一个问题，保守派和激进派产生喜欢或不喜欢两种截然不同的意见。多数人赞成某个提案，而对其坚决反对的人也不在少数。之所以出现这种现象，是因为每个人的性格和成长环境不同，所以世界观与偏好自然存在差异。心理学上称之为"主观现实"。在人际关系中，造成冲突的原因是对彼此的世界缺乏理解，一方无法将真心传递给另一方。

每个人都通过自己的视角观察世界。接纳差异的存在，以及将差异视为"不同"而非"错误"的态度，正是维持良好人际关系的关键。换句话说，愿意接纳与自己不同的人，即体现了你的成熟度。

认知治疗师阿尔伯特·艾利斯（Albert Ellis）曾说，"**我们愤怒的原因，不是对方的行为本身，而是我们对于该行为的解释"。他将此称为简单好记的"ABC理论"。尽管我们很容易认为，在发生冲突的两人之间，是促发事件A（Activating Event）引起情绪结果C（Consequence），但事实上引发负面情绪，并使其加剧的关键因素在于解释该事件的个人信念系统B（Belief System）。这个信念系统是由个人内心的期待与常识构成的。

· 收到礼物就应该心存感激。

· 即使礼物不合心意，也必须考虑送礼者的心意。

· 没有准备圣诞节礼物，即说明不爱对方。

· 不想看对方脸色才送礼物，这种行为毫无意义。

· 虽然内心很受伤，但当面发火是一种非理性的行为。

根据你的信念系统，假如男友重视你们之间的关系，收到心意十足的礼物后就应该感到高兴、对你感激不尽。如果他没有做出这些反应，你就会觉得大失所望。信念系统是人们一致认同的常识或价值观吗？假如你期待对方也信奉"如果做，就应该这样做"，并对此怀有很高的期待，那么你很有可能会失望。

## 他人有不回报的权利

心理学家认为，如果将这种"常识"改成以下更为恰当的说法，就能减少在相同情况下产生负面情绪：

- 收到礼物的人表示感谢，我会觉得很高兴，但不必非得如此。
- 他人是否喜欢我赠送的礼物，是他人的权利。
- 要是男友主动送礼物给我，我会感到很开心，但如果真的很想收到礼物，我会主动开口。
- 生气时能坦率地告诉对方。

送礼物时，如果对方表示感谢，我会觉得很开心，但世界上并没有对方一定要感谢我的规定。无论是我多么用心准备的礼物，对方都有不喜欢它的权利。

"你来我往"是人际关系中经常玩的游戏。若你沉迷于这个游戏中，就会不自觉地产生期待，认为对方替我着想的程度要与我相当，并视为理所当然。当期待落空时，你会朝对方发脾气或感到受伤。然而，要求对方察觉你的期待并非易事。"我并不是想获得很多回报，但至少我对别人付出 5 次，别人也能表现出 1 次诚意，这才是人之常情吧？"我们经常听到身边的人这么说。

虽然我能够理解你对他人的期待，但我仍想和你分享以下两点：第一，对你好的人，就算你不对他抱有期待，他也必然会这么做；第二，对你不好的人，你期待越高，就越容易失望。当你的内心没有任何期待，对方却出乎意料地向你表达善意时，你就会获得全然的喜悦。

假如你经常为人际关系感到失望，不如尝试放下"你来我往"这个想法，改成"单纯地给予"。许多人都在不求回报的付出中找到幸福。不过，要是你很难做到，就尽量避免单方面付出。此外，**既然你已经心甘情愿地付出，就别太期待获得回报。**

## 进一步了解：隐藏沟通与心理游戏

美国心理学家艾瑞克·伯恩（Eric Berne）提出了"沟通分析"（Transactional Analysis）的理论。根据这个理论，人际关系的问题是因为在表面的对话背后存在着不成熟的"隐藏沟通"（Ulterior Transaction）和心理游戏（Psychological Game）。

⊙ **隐藏沟通**

双方表面上的对话内容似乎没有问题，但背后却隐藏着各自不愉快的心思，这种背后的对话方式称为隐藏沟通。人际关系之所以出现问题，正是因为这种隐藏沟通冒犯到彼此。

想维持良好的人际关系，就需要停止这种隐藏沟通；想改善人际关系，要尽量避免用"但是"或"可是"来接话。最重要的是，先理解对方的话，再用"还有，我想补充的是……"

的方式说话，这样会大大加分。如果你正好和身边的人关系尴尬，不妨思考一下，此时自己与对方正在进行哪一种隐藏沟通。

|      | 老板 | 员工 |
| --- | --- | --- |
| 表面对话 | 现在几点了？ | 九点十分，怎么了？ |
| 隐藏沟通 | 你怎么总是迟到啊？ | 不过是迟到一会儿，有问题吗？你给我的工资那么少…… |

⊙ **心理游戏**

交流分析中提到的心理游戏，经常以隐藏沟通的形式出现。很多人会在表面的对话背后隐藏其他意图，使其变成一种固定模式，导致双方在不愉快的情况下结束对话。倘若你觉察到你在人际关系中重复这种模式，那就说明你在无形中进行心理游戏。举例来说，有的人在处理异性关系时，一开始总是为对方付出，但因为没有得到同等回报而失望，于是他突然结束关系，这个人就是在玩"先牺牲自己，然后突然离开"的心理游戏。现在的你，正在玩哪种心理游戏呢？

CHAPTER
4

明明是对方的问题，
为什么却是我在生气？

## "功"归主管,"过"在于我

　　我对公司的部门主管很生气。他不但仗着主管的头衔压榨下属,而且把所有的工作都分配给我,功劳却自己独揽,他太自私了。在一个项目刚开始时,主管把我们原本约定好的工作,改成对自己有利的方向,还装作若无其事的样子,真是令人恼火。要是他发现我写的报告中有任何失误,绝对不会通融。每当看到他,我都觉得苦不堪言。

　　我认为受到这种待遇是不公平、错误的,忍不住向同事一吐为快。然而,这件事传到了主管耳中。他知道后,把我视为眼中钉,变本加厉地折磨我。午餐时间,主管故意只带那些奉承他的下属去吃饭,明显地孤立我;他甚至在聚餐时对我恶语相加:"我一定要好好看看,你这种人能不能在公司生存下去。"虽然我觉得被威胁了,内心愤愤不平,但无论他说什么,我都无视他的存在。

## 我身不由己地工作

作为普通的上班族，就相当于站在"乙方"的位置上，我们都曾经受过委屈。俗话说"人在江湖，身不由己"，无论受了多少委屈，还是遇到多么不可理喻的事，我们都不会立即辞职。回想当初，我们都是经过激烈的竞争，好不容易才获得这份工作，难道现在就是为了忍受这般待遇吗？一旦你拥有这个想法，很快就会陷入忧郁中，每天上班都无精打采。

我试着梳理你对主管的不满：

· 我完成的工作，主管却独揽功劳，这太不公平了。

· 主管不遵守约定是错误的行为。

· 我一直表现良好，但主管总是抓着我偶尔的失误不放，他是心胸狭隘的人。

· 只关照阿谀奉承的人，排挤看不顺眼的人，身为领导者不该这样做。

· 威胁下属是不礼貌的行为。

在你的心目中，想必理想的领导是这样的人吧：他认可员工的工作，遵守约定，包容员工的失误，不因个人偏好将员工区别对待，也不会出口狂言。在你来看，你现在的主管的很多行为是不可取的。如果你向 100 名路人征求意见，至少有 90 人支持你，并同情你遇到这样"糟糕"的领导。

我完全理解你的气愤、委屈与被孤立的感觉。每一个对职场满怀期待，希望自己的工作得到领导认可的员工，都会同情你的遭遇。你每天要和忍无可忍的主管相处，岂不是一种煎熬？究竟该如何处理这个情况才好？

## 你能改变的，只有你对他人的态度

如果你经过深思熟虑，认为实在无法忍受主管的态度，或者你觉得每天都活在情绪内耗的痛苦中，那么离职也是一种解脱，否则长期委曲求全，只会让你的生活变得更糟。不过，假如你无法选择离职，那就请这样思考：

第一，无论你怎么做，主管都不会改变。如同前面强调的，任何想改变他人的尝试，都会以失败告终。不管是你试图将主管改变成你期望的模样，还是你百思不解，"为什么他要这样做，要是他能改变就好了"，请你放弃这些想法吧！你要试着思考，在糟糕的情况下，最好的做法是什么。其实，**无论你如何努力，都无法改变他人；你能改变的，只有你对他人的态度。**

第二，令你感到不满的行为是他人的缺点，可是你为什么要生气呢？你可能会反问，对方给我造成了痛苦，生气不是理所当然的吗？重要的是，**你要清楚那是对方的缺点，为此感到遗憾的不该是你，而是他**。进一步冷静地分析，只要对方不改变他的缺点，迟早都会为此付出代价。应该为自身缺点苦恼的人，正是那个人自己。

第三，遗憾的是，**有时你必须接受不公平的事实。从出生开始，我们的人生就存在着不公平**，家庭背景、教育机会均有差别，因此努力也不一定能通往成功之路。你必须放下不公平的世界是不可取的观念，坦然面对现实，并以务实的态度做好分内的工作。放眼望去，在所有上班族中，能在领导面前畅所欲言的员工又有几个呢？

第四，请试着检讨自己，你的个性或态度，是否导致你与主管的关系恶化？你是否把你认为的"主管就要照顾下属"的价值观强加于他人呢？其实，并不是所有同事和主管关系都很恶劣，这也值得你深思。站在你的立场上，你可能会认为，那些和主管关系密切的同事是在阿谀奉承，或许你并不了解实情。**别陷入你自行设想的剧情，对于不明确的事情，尽量往好的方面去想**。你希望自己的价值观得到尊重，而主管也有他的价值观，即便你很难认同。

第五，除了部门主管之外，请审视你和其他领导的关系，你和其他领导的关系可能也不太融洽。在领导看来，你可能很难相处。你可以向能够提出客观评价的同事咨询，这不失为一个好办法。

第六，如果你想化解和主管的矛盾，找个合适的时间和他沟通。因为你已经有了心结，所以无论你和主管谈话的结果如何，都会对你造成一定的影响。但是，如果你们能在关系恶化到无法挽回前沟通，可能对彼此更好。当然，你可能会想，明明是主管的问题，我在道德上没有任何过错，为什么要由我来解决问题？上下级之间尴尬的状态对你没有任何好处，尝试沟通至少可以改善关系。当然，是否和主管沟通，完全由你决定。

## 进一步了解：自我主张的对话法 1

在人际关系中，有的人遇到不满的事情时，因为害怕伤害对方，所以不敢表达自己的意见，只能将真实想法隐藏在心里。尤其是与地位比自己高的人相处时，人们更加小心翼翼。在此，我向你们介绍几种表达自我意见的对话方式。

⊙ **情境举例**

朋友借钱未还，又想向你借钱。

⊙ **消极性反应**

"（虽然手上有钱）怎么办？我也没钱啊……"

### ⊙ 攻击性反应

"喂,你的脸皮真厚。你上次借的钱都没还,怎么又找我借钱?"

以上两种是非主张式对话方式的典型例子。消极性反应无法清楚地表达自身的想法,而攻击性反应则是在表达自身意见时又伤害了对方,这两种方式都有可能导致朋友关系恶化。那么,既不伤害对方,又能准确地表达想法的主张式反应是什么样呢?

## 主张式反应

"你是因为相信我才拜托我的,所以我很担心令你失望,但我很重视我们之间的关系,所以我就坦言相告了。不瞒你说,上次借给你钱之后,我手头也变得很紧,如果这次我再借给你钱,恐怕会有困难,希望你能体谅我的难处。"(如果你真的没钱,最好坦诚地说出实情。)

## 自我主张式行为的具体意义

### ⊙ 不侵犯对方的权利

对方也有他的基本权利,他有权说出自己的想法。

⊙ **不让对方感到不快**

虽然说话内容可能令对方失望,但你应该避免使用错误的说话方式,让对方感到不快。

⊙ **表达自己的权利、欲求、意见、想法和感觉**

称赞对方的优点,对值得感激的行为表达谢意。对于对方的请求、要求和令你不满意的行为,则表示你的遗憾。

CHAPTER
# 5

## 从讨厌的人身上，看到童年的自己

## 爱插嘴的同事

　　每次开小组策略会议时，我总因为自以为是的同事而感到心烦意乱。

　　几天前，我正在会上分享营销策略，有个同事突然插嘴挖苦我："之前不是说那个想法没有效果，所以放弃了吗？根据近期经济新闻的消费意愿问卷调查结果，在为子女教育操劳的 40 岁女性中，有高达 63.5％ 的人承认没有过多的心思关注抗皱保养品，你没看那篇报道吗？"就连没有主见的组长也偏袒他说："你最近做了不少功课呀。"

　　我还没说完话，就被同事插嘴打断，在一旁帮腔的组长也冷漠无情。虽然我很想回击他们，但我告诉自己：我和这种在众人面前诋毁他人的人不同，我是有礼貌的人。只有我不和他们往来、不理睬他们，才是上上策。但是，为什么我的心情还是这么糟糕呢？

## 令人讨厌的人的特点

生活在这个世界上,我们不可能一直遇到喜欢的人。和讨厌的人一起生活,就好像身穿一件干净整洁的衬衫,每天却总被某人溅到墨水一般不快。对人们来说,这几种人特别惹人厌,我们来举几个例子:

- 把爽约当成家常便饭的人。
- 阿谀奉承者,却对无权无势的人口不择言、出言不逊。
- 造谣陷害他人的人。
- 炫富的人。
- 矫揉造作的人。需要你的时候不惜使出撒娇攻势,不需要你的时候把你当成陌生人。
- 爱翻旧账的人。
- 散播负能量的人。
- 凡事爱与他人比较,总觉得自己做得不好的人。

**每个人的性格不同,成长环境各异,所以人们在人际关系中喜欢的类型也各不相同。** 不过,如果你对某种类型的人过于排斥或厌恶,就有必要问问自己:

- 你特别讨厌哪种人?
- 这些讨厌的人有哪些共同点?
- 你和这些人相处时,有哪些困难?
- 你从这些人身上感受到的情绪是什么?

· 你通常怎么对待这些人？

上述问题的重点是，你要从特别讨厌的人身上找出共同的"关键词"。

从你的回答来看，你讨厌的是在别人讲话时插嘴、自以为是的人。你认为那位同事的行为应该受到指责，并且大多数同事都会同意你的观点。你可能会想，你不和这种人来往，至少也要避免成为这种人，但是这样做，你在人际关系中真正能获得什么？和你讨厌的人老死不相往来，以及决心不像他们一样，你就能获得幸福了吗？

别再坚持己见了。如果你把所有看不顺眼的人都从电话簿中删除，那么最后你连一个朋友也没有。

## 折磨你的人，终究是你自己

如果你想要过得更幸福，首先你要了解你喜欢什么样的人，进而发现你认为人际关系中最重要的因素是什么。你讨厌某人，那么请先调整好自己的情绪，即放下指责或争辩是非的心态。虽然生气是自然反应，但你在情绪激动时很难理性地思考问题、解决问题。请你试着这样做：

第一，在你讨厌的人当中，找出他们共同的关键词。这些关键词可以作为重要指标，提示你在人际关系中最敏感、最脆弱的部分。有人曾说："不属于我们身上任何一部分的，就无法折磨我们。"

你对某种特定的人产生抗拒感与厌恶感，或许是因为在你的潜意识或无意识里，他们的举动碰触到你内心某个敏感处。

换句话说，你特别讨厌的人的样子，可能是你童年未被解决的问题。比如，你隐约对贬低自己、独占父母关爱的弟弟存在负面情绪，那么你的内心深处就像对待弟弟一样，潜藏着轻视他人、突显自己的心理。当你这样做之后，会唤醒自己儿时痛苦的回忆，同时你更加坚定"我不能像弟弟一样，成为令人讨厌的人"的信念。所以，每当你看到有人像小时候的弟弟一样，做出令人厌烦的行为时，就会产生愤怒的情绪。

心理学把这种现象称为"投射"。这种现象是指当特定对象的正面或负面情绪受到压抑，后来遇到与该对象具有相似特征的人时，很自然地将情绪投射到对方身上，同时迫切希望将自己与对方分开。

如果你对自己情绪的根源一无所知，就很可能与"被投射"对象相处不自在。倘若你了解内心的敏感地方在哪里，情绪根源又是什么，那么你可以尝试接纳并与特定对象友好相处。总之，**只有明确自己敏感而脆弱的地方，才有可能打破加剧的恶性循环，你的朋友圈才会逐渐扩大。**

有时，回忆童年经历，也会感觉痛苦。如果你感到痛苦不堪，建议你向心理咨询师寻求帮助。即使你足够了解自己的敏感地方，也不代表问题就能立刻解决。你将全新的行为模式运用到实际生活中，需要一定时间。**你要相信：积极的改变正在发生，就算它看起来缓慢，也正在进行中。**

第二，面对讨厌的人，尝试改变自己的态度。你选择不对令人讨厌的同事发脾气，反而决定以回避、无视的态度面对，或许你展现出较高的职业素养，但是如果你与这位同事合作密切，永远是回避或无视的态度是行不通的。这种方式很可能加深彼此间的芥蒂，导致关系更加恶化，你有必要尝试全新的行为方式。例如，在开会时，这位同事不断地打断你的发言，至少你可以明确地表达："我现在还在说话，希望你能耐心听我说完，再提出你的意见。"或者你可以委婉地告诉他，你对于他的行为感到不舒服，并且约定一个双方认同的言行标准。重点在于不要回避问题，你需要积极做出全新的尝试。

你可能会问，造成问题的当事人无动于衷，为什么我却要改变，并付出努力？其实，你做出全新的尝试，更多的不是为了对方，而是为了打破你们之间尴尬的处境。当然，**如果在尝试的过程中能增进对彼此的了解，并改善关系，那自然再好不过；但如果结果不尽如人意，也不代表尝试毫无意义，至少你在积极地改善状况，并且对方也有可能因此改变。**0度和360度，虽然处于同一个物理位置，但与停留在原地相比，转了一圈的360度在本质上是截然不同的。

## 进一步了解：自我主张的对话法 2

让我们延续前一章，介绍第 2 种自我主张的对话法。在不伤害对方的前提下，如何表达自己的感受？我将"每次开会，你都因为同事打断你说话而生气"设为情境，进一步寻找既不伤害对方，又能表达自己情绪的方法。

## 在令自己不自在的场合中，恰当地表达情绪的要领

⊙ 表现出理解对方立场、产生共鸣的反应

"因为你（同事）分享了近期的统计数据，给我们提供了很多帮助。"

⊙ 使用以我为主语的"我感受"表达情绪

"我正在讲营销策略，却因为你提到统计信息，导致我没能讲完。你的行为，显得我好像很不了解行业动态，让我感到难堪。"

⊙ 坦诚地说出你（对未来）的期望

"如果下次你没有中途打断我，而是等我说完再提出你的意见，我会很感激你。"

CHAPTER
6

父母与孩子要互相理解

## 父母与孩子的观念存在差异

我和父母的关系很不好,我认为父母过于保守,而且对很多事情的做法并不合理。每到选举时,我对父母支持的候选人都不满意,但我还是选择了妥协,毕竟父母看好哪位候选人是他们的自由,但是,父母毫无顾忌地批判我支持的候选人,这令我非常气愤。我认为把自己的想法强加于他人是错误的行为,对此我的父母也认同。我向父母说明他们不理性的行为,但总会引起激烈的争论,结果往往不欢而散。

通常,我们的对话从政治话题开始,然后演变成互相指责,最后进入一段冷战期。我后悔自己提出政治话题,也为自己顶撞父母感到自责;但是,我确实没做错什么,为什么要由我来道歉?我们的冷战不会轻易结束,彼此都感觉煎熬、痛苦。

## 爱得越深，干涉就越多

我在前文提到，如果你尝试改变30岁的人，注定会失败，更何况是你的父母。尽管如此，你仍然试图理性地说服与你立场不同的父母，但最终你失败了，还陷入后悔与自责中。

**你必须正视父母不会轻易改变的事实。父母与子女之间越是珍惜、深爱彼此，就越会干涉对方。如果因为强迫父母接受你的价值观，而对父母造成伤害，真的是你想要的结果吗？**

父母与子女发生意见冲突的例子不胜枚举。无论哪个家庭，父母和子女之间的对话内容都大致如此：

"男朋友一定要找诚实的人。妈妈活了这么久，早就发现虚伪的人会背叛他人。我不想看到我的女儿伤心流泪，我这么做都是为了你好啊！"

"为什么去学找不到工作的文科？即使你复读，也要读医学院才有前途！"

"你最好别去念研究生。如果你去工作，一年至少可以赚3000万韩元（约合人民币16万多），如果你去念两年研究生，你知道成本有多少吗？两年6000万韩元，再加上生活费2000万，至少要8000万韩元。请你动动脑子，考虑一下现实生活吧。"

"我朋友的儿子当军官回来后，在大公司找到了工作。你上学时，成绩比他优秀，但你现在在做什么？你连个实习机会都找不到。你过得这么辛苦，到底问题出在哪里？唉，你真让妈妈伤心！"

"你有想交往的人吗？你已经35岁了！现在结婚都晚了，还挑什么挑！"

"是啊，我们没为你做什么，但你也不能这样无视父母吧？难道你长大了就可以这样对待我们？"

接下来是子女对父母说的话，你一定觉得很耳熟：

"别管我！你们又不能替我过我的人生，是我叫你生下我的吗？"

"我一定要去读研究生。要知道，很多工作，研究生学历是必备的条件。比起我的人生，你觉得钱更重要吗？"

"我并不想当法官，虽然我按照爸妈的期望考进法学院，但我并不喜欢。这是我的人生，我要做我想做的事！"

"（妈妈准备好早餐，但孩子只是随便吃几口就出门了。）我不是说没时间吃饭吗？还有，我到底要说几次，我在减肥！"

"我不是叫您不要坐着擦地板吗？您的腰不好，为什么总是不听劝？上次我不是花了很多钱，买了一台吸尘器给您吗？"

"妈，你就忍耐一下，爸这个样子又不是一两天的事了。你们别再吵架了，要是真的合不来，干脆离婚吧。"

"哥哥要求什么，您都满足他，为什么我就不行？还有，您别再讲朋友儿子的事了,他是他,我是我,我也很痛苦!"

看完之后,你是否叹了一口气?虽然你们深爱着彼此,但是对彼此感到失望;在愤怒状态下与父母大吵一架,很快又感到后悔不已;前一天你们相安无事,隔天却又出现裂痕。这种亲子关系,就像两条平行线。

因为父母与子女的关系是最亲密的,所以自然会对彼此抱有更多的期待,也希望能获得更多的理解。一旦内心的期待落空,带来的伤害往往比其他关系更深。

## 如何化解父母与孩子的冲突?

假如你最近正在与父母或子女发生冲突,那么有必要留意以下内容。首先,作为子女,当你和父母产生冲突时,你要记住:

第一,父母不会轻易改变。当你试图理性地说服父母,希望他们改变数十年来惯性的思考方式,无疑会引起冲突。你必须先接受"父母不会轻易改变"这个事实,接着去思考,"我应该怎么做?"既然你无法改变父母,又何必引起冲突,让彼此感到不快呢?**你不是要说服父母,而是要理解父母。**

第二,理解父母想要表达的意图,并对此做出回应。**父母与子女之间发生冲突,原因之一是双方不能完全理解彼此话语**

**中真正的意图，并做出恰当的回应。**

正如前面举例的对话内容，"（妈妈准备好早餐，但孩子只是随便吃几口就出门了。）我不是说没时间吃饭吗？还有，我到底要说几次，我在减肥！"孩子的表达方式，并不是对妈妈真正的本意——体贴地准备早餐做出回应，孩子只是对妈妈不理解自己没时间、忽略自己想要减肥的失望情绪做出回应。在这种情况下，孩子有更好的表达方式，比如，"妈妈，谢谢你一大早为我准备早餐，可是我马上要迟到了，所以得赶紧出门。还有，我最近在减肥，不吃早餐了，抱歉！"孩子的这种回应，更加理解妈妈想要照顾他的意图，从而避免产生误会。

作为父母，当你们与子女产生冲突时请记住：

第一，不要对孩子说出这样的话："你现在还小，我说这些都是为你好！"孩子如离弦之箭，箭要朝哪个方向射去，必须由他自己决定。父母不要总是怀念孩子小时候在自己怀里笑得开心、被照顾的模样，也不要把自己困在"父母望子成龙、望女成凤"的期待之中。父母不要一直把子女当成小孩子对待，或者认为自己所做的都是为子女好。**父母控制的心态越强烈，子女就越容易感到压迫。**如此一来，子女反而与父母的期望背道而驰，关系渐行渐远。

第二，父母试图控制子女，终将会失败。当孩子不按照父母的想法做事时，父母经常刻意让孩子产生罪恶感，并收回对孩子的关爱。心理学上认为，这是父母企图控制子女的一种策略。父母可能会说："我们是怎么把你养大的？你怎么可以这样做？（引发孩子的罪恶感）"或者"好啊，那你想做什么就去做吧，不论你变成什么样，我们都不会管你。（收回关爱）"在父母的这些话里，充满对子女的控制欲。正如许多父母所经历的，父母企图控制子女的任何行为，只能以失败收场。

假如你正处于父母与子女之间的冲突，可能会导致不稳定的依恋关系。心理学上经常使用"依恋"这个概念来说明父母与子女的关系，"依恋"代表父母与子女之间的情感纽带。**孩子对父母的需求，尤其是对妈妈的需求，以及担心父母分开而产生的焦虑不安，要比父母想象得更加严重。**

儿时亲子关系形成的依恋关系，可分成安全型依恋和不安全型依恋。若形成安全型依恋，在子女看来，父母犹如一个随时可以归来的港湾，所以他们可以克服分离带来的不安感，自然而然地学会自律与独立；相反，若形成不安全型依恋，即使子女长大成人，也会在人际关系中产生分离焦虑与害怕被遗弃的不安感。

年幼的孩子想获得父母的关爱与认可，是不容忽视的重要需求。无论基于何种原因，如果父母无法满足孩子的合理需求，就会影响孩子的成长。即使孩子长大成人，也会继续试图从父母的关系中满足需求，或者通过他人寻求替代性满足需求。不安全型依恋的人，在长大之后，有时也会出现搂着柔软毯子或儿时的玩偶等物品才能入睡的情况。

如果你此时正与父母或子女发生冲突，那么你目前的冲突是你从儿时累积到现在、尚未解决的问题导致的吗？即使你已经成年，对自己多一份了解，也能找到解决问题的好办法。

### 进一步了解：依恋的 4 种类型

根据个人在童年时与主要抚养者形成的依恋类型，进而形成对自己与他人的态度（或认知上的表象）。从依恋理论的角度来看，称为"内部工作模式"。1991 年，研究者金·巴塞洛缪（Kim Bartholomew）和伦纳德·霍罗威茨（Leonard Horowitz）将成人依恋关系分为 4 种类型。

安全依恋型会对自己与他人形成正面态度；恐惧依恋型会对自己与他人形成负面态度；焦虑依恋型对自己形成负面态度，但对他人形成正面态度；排除依恋型则对自己形成正面态度，对他人形成负面态度。

|  |  | 对于自己的想法（态度） | |
|---|---|---|---|
|  |  | 正面<br>（依赖性低） | 负面<br>（依赖性高） |
| 对于他人的<br>想法（态度） | 正面<br>（回避性低） | 安全依恋型<br>（自律性与亲密性） | 焦虑依恋型<br>（对关系执着） |
|  | 负面<br>（回避性高） | 排除依恋型<br>（回避他人与无依赖性） | 恐惧依恋型<br>（亲密关系与拒绝敏感性） |

**巴塞洛缪和霍罗威茨在 1991 年提出的成人依恋 4 种类型**

CHAPTER
7

进一步探索内心世界

## 主管没完没了地指责

为了避免迟到，我连早餐都没吃就去上班了，就在我好不容易坐下吃吐司的那一刻，主管却指责起我来。"你不知道在办公室吃吐司会有味道吗？吃完再进来是基本礼貌吧？现在的年轻人真是令人担忧啊！还有你为什么说话声音这么小？因为你每天只吃吐司填饱肚子，所以才有气无力。吐司又不能当饭吃，只能算是零食！"如果主管指责我的过失，至少我不会感觉那么委屈，但他对于性格或习惯方面的批评，令我难以忍受。我和主管之间的这场战争，似乎非得有一人从公司离职才会停止。

进入职场，我多次深刻地领悟到，你遇到的主管不同，工作环境会有天壤之别。尤其是当你一上班就听到主管的叨唠或数落，你的"天气预报"就会都是"阴天"。时间越久，情况越难以好转。然而，当你意识到无法立刻离职，就会陷入低落，变得无精打采。

你觉得心烦意乱，却只能一忍再忍。你既不能改变主管，又不能马上换工作……因此，你每天都觉得透不过气。

## 他人的喜好，影响了我的生活质量

我们或许经常听到主管发牢骚：

"我不是叫你别在办公室打开湿答答的雨伞吗？办公室的空间本来就很狭窄，你能不能别这样做了？这又不是多难的事！"

"你没看新闻说，如果用三合一咖啡的外包装去搅拌咖啡，咖啡会沾到化学物质，甚至会危害健康吗？你不是有汤匙吗？你的行为能不能文明一点儿！"

"早点儿出门行不行！你一定要掐准时间来上班吗？你提前15分钟来公司，事先准备今天的工作，不是更好吗？你要是真的没事做，也可以冥想一下嘛！"

"你一定要一大早就摆出臭脸吗？你好像对什么都不满……哪怕你在家发生了不好的事，但这里是你工作的地方，拿出你对待工作的态度来！"

"你那么大的脑袋，怎么点子这么少？听你说话，就像没有经过大脑思考一样，你的大脑袋何时才能派上用场？"

"别人说话时，你就非得插嘴吗？你这项能力还真是惊人。放着别人的 99 个优点不讲，就非得讲那一个缺点。唉，金代理这么可怕，我怎么还敢说话？现在就连主管都要看下属的脸色了。"

当主管说出以上的话时，你之所以会生气可能是因为：

· 发与工作无直接关系的牢骚并不恰当。
· 自己的外貌、性格、行为等被别人品头论足，你感到不舒服。
· 主管滥用职权，试图将自己的价值观或偏好强加于他人身上。
· 经常指责下属，不是一个优秀领导者的行为。
· 如果对主管顶嘴，往后在公司很难生存，所以只能忍气吞声。

当然，这些话都是举例。在主管的这些牢骚里，最让你感到怒火中烧的话是什么呢？请你思考，你最不能接受主管的言语、态度、行为中的哪方面？你将如何恰当地回应？

有的人对主管干涉与自己工作无关的领域感到不满，有的人对主管冤枉自己而怒气冲冲，还有的人对自己的处事方式感到烦躁不安，却只能陷入深深的自责中。

## 我内心悬而未决的问题

在令你不舒服的情绪中，最核心的要素是什么？我们先了解

"认知疗法"[1]。这个方法是由认知治疗师戴维·伯恩斯（David D. Burns）博士发现的。他将重点放在浮现于内心的表面问题，以垂直的方式探索内心深处。从这个角度来看，又可称为"垂直箭头法"（Vertical Arrows Technique）或"向下箭头法"。

用以下的一段对话来说明这个方法：

主管："你一定要一大早就摆出臭脸吗？你好像对什么都不满……哪怕你在家发生了不好的事，但这里是你工作的地方，拿出你对待工作的态度来！"

我：（一大早就不爽。）

主管的话里确实有很多让你不满的地方。主管对你的表情给予负面评价，给你贴上不满主义者的标签，还把你看作职场里不专业的人。**即使是相同的话，由于每个人的个性不同，产生烦躁情绪的核心要素也可能不同。**如果你不能准确地了解这点，持续被困在烦躁的情绪里，就很难掌控自己的情绪。

我们先来看垂直箭头法的步骤：

第一，请先思考，上面案例中的下属为什么会感到不舒服，并且试着说出想到的内容。我们可以假设有个第三者或

---

[1] 认知疗法是根据人的认知过程，影响其情绪和行为的理论假设，通过认知和行为技术来改变求治者的不良认知，从而矫正并适应不良行为的心理治疗方法。

"我体内的另一个我"正在向"我"提问。

主管:"你一定要一大早就摆出臭脸吗?你好像对什么都不满……哪怕你在家发生了不好的事,但这里是你工作的地方,拿出你对待工作的态度来!"

我 1:(一大早就不爽。)

提问者 1:"主管说的这段话为什么会惹恼我?"

我 2:"我表现哪种情绪是我的自由,你没有权利指责我。我对公司很满意,工作表现也很好,你对我是有多了解,而对我指指点点?真是烦人。"

**第二,简单归纳将重点放在想象这件事反复出现时,最令你感到痛苦的是哪一点,然后再次提问。**

提问者 2:"虽然感到很遗憾,不过请你想象一下,假如明天再次发生这种事,最令你感到痛苦的是哪一点?"

我 3:"主管完全没有理由指责我,他这样讲话很不合理,我感到很委屈,情绪也变得糟糕。"

**第三,归纳对话的主要内容,然后再次询问,假如这种情况反复发生,最令你感到痛苦的是哪一点?** 经过反复几次提问和回答,你就能深入了解内心不舒服的真实原因。

提问者 3:"这种感觉产生时,你一定觉得很不舒服吧?虽然感到很遗憾,但如果主管就是个不停抱怨的人,他也不具备公司员工该有的基本素养。此外,你还感觉到哪里不舒服吗?"

我 4："主管总是用职权来压榨我，无缘无故地误解我，我很委屈、很生气。"

提问者 4："假设位居上位者对你做出负面评价，你会感觉不舒服吗？"

我 5："嗯……即使我身受委屈也不能发脾气，对此我感到无能为力。高中时，数学老师曾在同学面前说我的脸就像一个正方形，我一时气不过就顶嘴了，最后却被罚在教务处下跪。我看着来来往往的老师，觉得丢尽了脸面。"

提问者 5："受到委屈却不能发脾气，尤其是在他人面前丢脸的感觉，似乎是你最在意的事。"

观察"我 5"的反应，可以发现与刚开始的"我 1"所描述的感觉有些不同。"我 1"所感受到的不舒服，在于无法对抗权威者的评价，以及对自己在他人眼中的样子感到羞耻，因此感到无能为力。也就是说，这些原因是他尚未解决的问题，所以主管的指责让他特别敏感。

当然，这里举的例子不过是假设，而且每个人感到不舒服的核心要素各不相同。你要找出令自己感到不舒服的核心要素。**只有足够了解自己，听到令人不快的话才不会过度反应，进而理性地思考该如何回应。**

垂直箭头法的步骤归纳如下：

1. 写下某事件发生时，自己感到不舒服的心情。

2.将重点放在想象这件事再次发生时,最令你感到痛苦的是哪一点。

3."我2"的回答与"我1"的回答略有不同,前者的回答更接近核心。请再次思考,最令你感到痛苦的是哪一点。

4.通过反复地问答,循序渐进地探索在表面不舒服的感觉下,你的核心思维是什么。

### 进一步了解:垂直箭头法

以下是实际应用垂直箭头法的例子。请实际应用垂直箭头法,在下方空格中写出最近令你感到不舒服的事情。

⊙ **情境举例**

因没有信心进入咨询公司工作,为此心烦意乱的学生。

学生:"我就读于经管系,现在是大四下学期了,虽然我很希望进入咨询公司工作,但没有信心能被录用。"

提问者:"如果无法进入咨询公司工作,你会感到苦恼吗?这件事对你来说具有什么意义吗?"

学生:"无法进入咨询公司工作,就表示我不能学以致用。"

提问者:"无法学以致用,为什么这点会让你感到苦恼?"

学生:"这意味着我上学投入的时间、金钱和掌握的知识都毫无意义。"

提问者："我对此表示很遗憾，不过如果过去的投入都化为泡沫，这对你来说意味着什么呢？"

学生："因为我的家境并不优渥，父母好不容易才给我付了大学学费，也对我抱有很高的期望，所以我担心令他们失望。"

提问者："如果令父母失望，你会有什么感觉？"

学生："我会很愧疚，感觉自己就像个一无是处的儿子，非常自责。"

这名学生最初担心不能进入咨询公司工作，通过运用垂直箭头法后得知，他真正担心的是害怕成为令父母失望的儿子。垂直箭头法提问者的角色可由他人扮演，也可自行扮演。

**垂直箭头法实际应用**

↓ 第1阶段：请试着写下最近在担心的事。

_____

↓ 第2阶段：假设这件事实际发生，你为什么感到不自在？

_____

↓ 第 3 阶段：假设上面写的情况成为现实，你为什么感到不自在？

_____

_____

↓ 第 4 阶段：假设上面写的情况成为现实，你为什么感到不自在？

_____

_____

↓ 第 5 阶段：假设上面写的情况成为现实，你为什么感到不自在？

_____

_____

↓ 第 6 阶段：比较第 1 阶段和第 5 阶段写的内容，然后试着写下感想。

_____

_____

CHAPTER
# 8

# 为人处世如何做到"恰到好处"?

## 恰到好处地说话

每次我参加社团聚会后,总后悔自己是不是讲话太多了。当我讲话时,看到别人流露出枯燥乏味的表情,就会萌生"不应该是这样"的想法。因此,我反而提高音量,更加滔滔不绝。

当我再次参加社团聚会时,我抑制住说话的冲动,几乎从头到尾都保持沉默。虽然大家看到我不同于以往的样子,有些不可思议,但很快就不在意了。我顿时有种被排挤的感觉,心情跌落到谷底。我带着失落的心情回家,同时心里想着应该在当时说出哪句话才对,我遗憾地喃喃自语着。

下一次社团聚会,我彻底失控了,喋喋不休地说个不停。上一次聚会时忍住没说的话,如同洪水般爆发。虽然大家被我的表现吓了一跳,但没过多久就开始各忙各的。那天聚会结束后,我走在回家的路上,心情依然很失落。我就不能少讲点儿话吗?要是按照本性来说,我喜欢侃侃而谈,但刻意克制自己,又觉得快要憋死了……究竟怎样才能做到"恰到好处"地说话呢?

## 掌握分寸,不走极端

你对于"究竟什么程度才是恰到好处"的困惑,也就是不知如何把握好"度"。大部分的人都有类似的困扰,例如:

"要对自己的爱人表达多少爱意呢?表达频繁,对方会听腻;表达太少,对方又会觉得感情冷淡了。到底表达多少才好呢?"

"要对客人亲切到什么程度呢?如果表现得过于亲切,担心会引起不必要的误会;如果表现得很平常,客人又会觉得我不热情。怎样才能做到恰当呢?"

"我该怎么对待沉迷游戏的孩子呢?如果严格地控制孩子,一旦看到他垂头丧气的样子,就于心不忍;如果放任孩子,又担心他不读书、一心想玩游戏。到底要如何把握对孩子严格要求的程度呢?"

人生应该怎么活下去呢?假如这个问题有标准答案,我们就走最有效率的路,那该有多好啊!遗憾的是,人生存在很多变量。人们学会从错误中不断进步,究竟要努力到什么程度才能过好这一生呢?

假如以 1（在聚会上几乎沉默）到 100（滔滔不绝）为你说话的程度评分，你就像在 1～100 分两端玩跷跷板。今天是 1 分，明天是 100 分，接下来再次回到 1 分。你在这两个极端来来回回，找不到恰当自如的空间。

什么程度才是适当呢？70 分？或者 30 分？人们总是很努力想从 1～100 分之间找到适合自己的程度。有的人满足于 46.5 分，还有的人至少要达到 72.5 分才会觉得自在。为了找到自己的平衡点，仍然有许多人坚持不懈地在错误过程中探索。

## 寻找心灵平静的坐标

**似乎唯有通过不断尝试，才能找到令自己自在的平衡点，除此之外别无他法。** 然而，每种情况各有差异，所以令人苦恼。在朋友关系、家人关系和同事关系中，无法以同一套标准来对待。

这个问题很难用单一的分数（1～100 分）找到适当的标准。由两个极端的点（1～100 分）构成的单一平面，无法只通过一个分数，就能找到适当的坐标。为了求得坐标，需要发现与 X 平面对应的其他平面，意即要有 Y 平面的存在才行，比如我们可以把"是否有必要说这句话"设为 Y 平面。

假如你认为这句话很重要，那么不必考虑说多少话，直接把它说出来就好；如果这句话不重要，就算很简短，也可以省略不说。这样，你就能解决究竟该说多少话的问题。换句话说，把你正在烦恼的说话程度（X）和判断是否有必要说这句话（Y）同时考虑，问题便迎刃而解。

我们用相同方式来观察，超市的工作人员对顾客的亲切程度问题。我们假设 X 平面为"对顾客的亲切程度"，但仅凭单一平面思考，烦恼仍然可能存在。帮助摆脱这个烦恼的全新 Y 平面会是什么呢？比如，Y 平面可能是"坚持为顾客解决问题的态度"，但避免涉及私人层面的亲切感。

再举一个例子。假如你喜欢给他人提出建议，却纠结于提出建议的程度。我们将"提出建言的程度"设为 X，再将"解决这个烦恼的全新方案"设为 Y。如果你在判断是否要提出建议时，内心产生比对方优越的感觉，那么最好不要提出该建议。此时，对方很可能会感到不舒服，你的建议也毫无作用。另外，假如你在提出建议的同时，能够站在对方的立场上为他着想，那么提出建议也无妨。因为在这种情况下，你想帮助对方的真挚诚意很容易传达给他。

精神分析学者荣格提出"超越功能"的概念，强调人们在互相冲突的两端之间，找到内心平静的坐标，这是至关重要的。"为了让人类的精神世界中相反的极端条件或态度合而为一（或者是和解，带来和谐性），需要使用第 3 种全新的力量来统合。意即,需要跨越相反的两个(单一)平面,拥有崭新态度或发展关系的超越功能。"

## 进一步了解:寻找属于我的Y轴

假如你正在为如何找到坐标而烦恼,请参考下列例子,填写空格。

⊙ **情境举例**

难以掌握聚会中要讲多少话才适当。

⊙ **X 平面**

在聚会中讲话的程度。

⊙ **Y 平面**

当你深思熟虑后,仍然认为有必要讲出这句话,那么不必顾虑要讲多少话,讲出来就对了;反之,你可以适当保持沉默。也就是说,你要认真思考讲这句话的必要性。

⊙ **考虑点**

录下自己说的话,听完后思考是否有说出的必要。

# CHAPTER 8　为人处世如何做到"恰到好处"？

**情境 1**

⊙ X 平面
_____

⊙ Y 平面
_____

⊙ 考虑点
_____

**情境 2**

⊙ X 平面
_____

⊙ Y 平面
_____

⊙ 考虑点
_____

CHAPTER
9

善意并非有来有往

## 别把他人的善意当作理所当然

　　我在公司担任主管,最近在领导组员方面感觉很苦恼。当我还是一名组员时,我的主管做出很不合理的行为,比如他经常用职权压制员工。在准备项目时,主管什么事都不做,却常常对我熬夜做出来的策划案说三道四。如果上级领导赞赏我的策划案,主管就会急着邀功。每当我看到主管的表现,都会暗下决心,日后要是我晋升为主管,绝对不能像他一样。

　　升为主管后,为了不当权威、专制的领导,我比其他员工更早来上班,在写策划案时总是以身作则,承担大部分的工作。组员们最初觉得不好意思,但很快就给予正面的反馈,所以我也感到欣慰。后来,组员们适应了我的工作方式,他们渐渐变得懒散,凡事都等我完成。即使我还在加班,组员们也说自己有约会,6点就准时下班了;有时,就算我在场,组员们也会漫不经心地聊天。

　　长久以来,我已经习惯公司层级分明的制度,所以不太理解现状。我原本希望用民主的方式带领组员,但现在的情况和我的想法背道而驰。我感觉组员无视我的存在,这令我十分苦恼。这种情况就像是电影台词"**当善意持续,别人误以为那是他的权利**"的真实写照。

## 明明是善意,却感觉不舒服的真相

诸如此类,一个人想改变权威、专制,实现民主的模式,结果却不尽如人意的例子不胜枚举。

在婆家多年忍气吞声,她发誓自己以后绝对不会像婆婆那样。她凡事都替儿媳妇着想,生怕儿媳妇哪里不满意。每逢过年过节,她总会先替儿媳妇上街买菜,事先准备好食材,再把家里打扫得一尘不染,结果儿媳妇回婆家的时间越来越晚,甚至到过年当天早上才回来。儿媳妇认为,准备过节的食材理所当然是婆婆的责任,还想以"妈妈最棒了"一句话敷衍过去。她顿时感到心灰意冷,渐渐地越来越讨厌儿媳妇。

想要维持好婆婆的形象,但必须按捺心中的不满,积压的情绪就会越来越多。如果突然性情大变,恢复严厉婆婆的形象,那么之前对儿媳妇的付出就付诸东流。最后,她似乎变成"双面"婆婆,变成自己曾经最反感的样子,因此深受其扰。她想对儿媳妇以诚相待,但为什么会出现如此令人心碎的结果呢?

再举个例子。有一名刚服兵役回来的复读生,他发现一起听课的大部分同学都是比自己小几岁的学弟学妹。在和学弟学妹一起准备小组报告时,复读生想起过去那些把工作全部推给学弟学妹、只会搭顺风车的学长,下定决心自己绝对不要变成那种人。于是他自告奋勇地说要完成报告。可是,学弟学妹就连分内的、简单的工作都不想做,总想投机取巧。复读生想斥责他们,但是担心自己变成摆架子的学长,所以只能忍气吞声。后来,他要完成的工作越来越多,而学弟学妹只会说"谢谢学长",然后就无所事事了。复读生感觉自己被利用,内心很不痛快。以身作则的他,难道是因为没有主见,才导致这种结果吗?

**如果一向善良的人突然发火,想必对方会感到困惑和委屈。如此一来,你反而会被认为是双面人。在你看来,一定是"哑巴吃黄连——有苦说不出"。有时人们很乐于享受对自己有利的处境,而忽视对方的付出。遇到这种情况,你甚至会忍不住想是不是"人性本恶"。**

只对家人和亲密好友敞开心扉、表达善意是恰当的选择吗?谨慎选择朋友,只和固定的朋友交往、表达善意对吗?假如你把委屈告诉亲密好友,他们一定会怪你心太软,最初就不该对别人这么好,但那并不是你追求的目标。究竟该怎么办才好呢?

## 不过于期待对方的反应

对于上述情况，你之所以感到不自在，是因为对方将你的善意视为理所当然。最终，你的苦恼也会对彼此的关系产生负面影响。要知道，你的善意不一定会得到回应。

对方可能还会得寸进尺地反问，"我没有要求你对我好吧？"听到这种话后，一方面，你会怒气冲冲；另一方面，你的善意可能会导致对方无法从人际关系中学到应有的责任感，或者无法对自身的选择承担责任。

**如果你的善意希望得到他人的回应，第一，你要区分抱以善意的对象。** 你不必无条件地对所有人好，或者拒所有人于千里之外。重要的是，你要决定对谁抱以善意。对于那些利用你的善意并企图从中获利的人们，就没有必要对他们好；对于那些感谢你的善意，也懂得回报的人们，则值得你向他们抱以善意。总之，你要清楚对谁抱以善意。

任何人都无法改变他人，哪怕你是出于善意。人们自然而然地用自己习惯的方式做出反应，这是你无法改变的。**替他人着想的人，即使你没有刻意表现出善意，他也会对你好；自私自利的人，不管你如何表现出善意，对方也可能毫不领情。**

**第二，假如你表达善意的对象是家人或是你要照顾的人，那你可能很难理性地思考，并保持适当距离。** 无论什么理由，他们都是无法轻易放弃的关系吧？即使这样，你也有必要从现实的角度去看待，你表达善意背后的结果是什么。假如你的善意与期待背道而驰，最后让你深感挫折，甚至导致双方关系恶化，那意味着你也需要做出改变。

你是否在重复这样的过程？虽然对方没有要求，但你还是用自我牺牲的方式处理事情，对方没有认同你的牺牲或表示感谢，令你大失所望。若是如此，停止表达善意才是最恰当的方式。**当对方寻求帮助时，你再伸出援助之手，而且最好适可而止。**

写这篇文章时，我不禁为那些对人际关系冷漠、无法信赖彼此关系的人感到遗憾。如果幸运的话，我们就会发现身边关心和体谅自己的人。**假如你不希望区分对谁表达善意，或者你不赞同评估谁该接受善意，那么你应该在表达善意后不过于期待对方的反应。**

## 进一步了解：试着分析善意带来的结果

⊙ 情境举例

做小组报告时，虽然学弟学妹没有要求，但你仍以身作则，独自承担许多工作。结果，学弟学妹却想敷衍了事、蒙混过关。

⊙ 意图与想法

我不想成为将工作推给学弟学妹令人讨厌的学长，我想做个好榜样。

当看到学长以身作则时，如果是懂事的后辈，就应该一起努力，这才是人之常情。

⊙ 情绪与行为结果

没人理解我的善意，感觉自己被利用，所以感到失落、愤愤不平。

不想和他们一起做功课，也下定决心，再也不要先表达善意。

⊙ 转念或其他做法

学弟学妹没有主动要求时，不会事先奉献、表达善意。

既然是小组作业，分工合作才合理。

无论表达善意与否，学弟学妹该怎么做是他们的自由。

**情境**

⊙ 意图与想法

⊙ 情绪与行为结果

⊙ 转念或其他做法

CHAPTER
10

# 人生由你自己主宰

## 过于在意别人，会迷失自我

我是个很在意别人想法的人。在学生时代，只要碰到考试，我就会紧张得连跑好几次厕所，直到考试开始为止。要是监考官站在我旁边，我就会觉得他在盯着我，忍不住心跳加速、手心出汗，肚子也跟着痛起来。

当我读完高中、大学后，这种症状依旧没有得到改善。虽然朋友们都知道我是做事认真的人，但是我总担心他们看到我焦虑不安的情绪，对我感到失望。另外，每当逃课的同学向我借笔记时，我都有种被利用的感觉，但如果不借给他，我担心被视为自私的人，所以我只能假装爽快地借出笔记。可是，要是那位同学的成绩比我好，我就会黯然神伤。

即使成为大学生，每当与指导教授碰面，我也会忐忑不安。自从听说指导教授喜欢一心一意做研究的学生后，我就变得胆战心惊，生怕自己做家教的事传到教授耳中。如果我原本要去做家教，却被临时安排参加研究会议，就会手忙脚乱地更改家教时间，内心惴惴不安。由于这种情况不断发生，最后我只好辞掉家教工作。

在研究会议上交流，我总是小心翼翼地观察教授的表情，担心他认为我不够优秀。如果教授称赞我的想法，我就会高兴得像飞上天，但很快又被一直要有好想法的压力包围。几天前，教授无心地说，"你现在该认真啦！"一方面我觉得是现在该写论文了，所以教授才会好心提醒；另一方面我又惶恐不安，担心教授因为我做得不好才会提醒，我的意志变得很消沉。

有一天，我去参加高中同学会，一个在大公司工作的同学问我，"你的论文还没通过吗？"听到这句话，我觉得他好像在指责我"整天都在混日子"。这句话在我的脑海中挥之不去，让我觉得自己一无是处。

过节回家祭祀时，只要母亲说一句"穿一件体面的衣服出门"，我不禁想，在母亲或亲戚的眼里我是个邋遢的人吗？我的内心很受伤。我因为担心别人再说出类似的话，所以只想赶快回家。

## 渴望得到他人的认同与爱

对于敏感的人来说，渴望得到他人的认同是很重要的。想必很多人都曾为这个问题而苦恼，特别是在重视与他人关系的集体主义文化、礼仪文化，以及只记得第一名的竞争文化之中。

**想在他人面前展现美好的形象、获得他人的认可，是每个人正常的愿望。如果过于在意他人的评价，以至于影响日常生活，那么你就有必要慎重地思考。**因为某人说的一句话在心中挥之不去，为此煎熬不已；与地位高的人一起工作时，担心自己犯错而失去青睐，做事总是战战兢兢的。久而久之，当你和别人相处时就会小心翼翼，缺乏自信心。

人本主义心理治疗学者卡尔·罗杰斯曾说："人们之所以有精神压力，是因为人们在自我评价时，没有将注意力放在自己身上，而是关注他人的认同。"换句话说，**只有认同自己，才会感到幸福。如果过度依赖他人的认同或爱，就会不时看他人的眼色行事，从而降低自我价值感**。罗杰斯将这种行为称为"被（他人的认同或爱）制约的自我价值感"。

在咨询工作中，我也接触过很多类似案例：人们过于在意他人的认同与评价，而不是将重点放在自己想要什么，或者倾听内在的声音。只要听到他人对自己的评价不好，就会花很长时间反复思索，自讨苦吃。为什么自我价值感会被他人的认同或爱制约呢？

你对他人的评价敏感一定是有原因的。让我们先设想一个情景：一个人儿时过度依赖他人的称赞或评价。

小学一年级时，你在第一次数学考试中获得100分，回家后妈妈给了你一个温暖的拥抱，对你赞不绝口，还做了你最喜欢吃的辣炒年糕。可是，下一次数学考试你考了90分，妈妈却用冷漠地语气数落你，"这些题目我们不是一起复习过吗？你为什么这么粗心，就连会做的题目都做错了？你以后做数学题要做两遍，晚上也别看电视！"年幼的你被妈妈冷冰冰的语气吓到，心里很难过，一个人躲进房间里哭了。你用功读书，接着又在数学考试中获得100分，妈妈也恢复了和蔼可亲的样子，为你感到骄傲。但是，假如你下次考不到100分该怎么办？不安开始在你的心中萌芽。当这种事情反复发生，你会意识到"妈妈只有当我考到100分时，才会爱我"。

读高中时，除了妈妈的评价之外，你也渐渐对老师和同学看待自己的态度很敏感。你会在潜意识中寻找获得老师称赞或受到同学欢迎的方法，然后采取行动，最后却越来越迷惘，不知道自己真正想要什么。

虽然这只是假设，是为了找出你期待他人认同的原因，但是你需要回顾自己儿时的记忆。

如果将你比喻成一辆汽车，那么你的处境就像本应该加速向前奔驰的汽车，现在却在原地打转。在无法前进的状态下，你只是在内耗。你无法接受自己的模样，也无法朝想去的方向前行，只能将能量消耗在他人对你的评价和取悦他人上，这种被他人目光束缚的人生，自然不可能获得幸福。

## 能定义我的人，只有我自己

你已经下定决心，不再被他人的认同束缚，你要成为一个独立的人。即使内心因为他人的负面评价而动摇，不自觉地看他人眼色，也没必要愤愤不平，因为很多人都有类似的经历，没有人完全不在意他人的认同与爱。在某种程度上，想要获得他人的认同与爱是人类的本性。**你期望得到他人的认同本身并不是问题，只不过当你的期望超出一定范围，让你感到不舒服时，就值得深思。**

**别让他人来定义你。世界上能定义你是谁、做什么事情的，就只有一个人——那就是你自己。**世界上存在形形色色的人，就算你穿着光鲜亮丽的衣服、做出卓尔不群的事情，也有人敏锐地发现你的缺点，并加以指责。同样，就算你穿着朴实无华的衣服、做着不起眼的事情，也有人把你暖心的话珍藏在心底。请给予他人喜欢你或者讨厌你的权利。

你必须尊重他人的意见。如果他人的意见能帮助你成长，就可以当作重要的参考，尤其是在以关系为重心的集体主义文化中，如果你拒绝与他人沟通，只考虑自己的立场，就很难在社会上立足。你要学会尊重他人的意见，同时不过度解读他人的意见，尤其是负面的意见。

如果你完全按照他人的期望而活，是徒劳无益的。你要清楚你想过怎样的人生，活出自己最真实的样子。人生是有限的，所以去过你想要的人生吧。请让他们活出他们的人生，而你也活出自己喜欢的人生。

接下来，你一定想问如何才能明白我想过怎样的人生呢？在你扪心自问的一刻，就已经踏上了新的出发点。

如果你希望立即找到答案，那么一开始就没必要深谋远虑。关于你的人生，最无所不知的专家就是你自己。

请试着找出以下问题的答案：

- 你喜欢什么？不管是什么，请写下你想到的人、物品、想法、价值、喜好和地点等。
- 你在做什么事时会感到幸福？
- 你想做什么事？思考时请先忽略实现这件事的可能性。
- 你的优点是什么？如果你先想到的是缺点，也不用在意，请试着写下你的优点。

请你思考，在回答这几个问题的过程中，你的脑海里浮现了哪些想法，贯穿这些答案的共同关键词是什么，这些词语可能具有重要的意义。

我记得，多年前曾在《心灵的天梯》这本书中读到"我们都是各自流向江河的洪流"。我认为，**每个人都应该知道自己要流向哪一条江河，即我们应该做什么事、以什么面貌生活，这个探寻答案的过程就是人生**。虽然你可能因为碰到旋涡而困惑不解，但最终你都会按照自己的方式尽情地生活。愿你就像奔流不息的浪花，勇敢地迎向浩瀚的海洋。

### 进一步了解：自我评价问卷

"自我评价问卷"是一种心理测验，它是确认自我价值感是通过内在还是外部获得的一种方式。请确认你的价值感依赖他人认可的程度。

## 自我评价问卷（K-LEI, Korean-Locus of Evaluation Inventory）

请阅读各题，写出你同意或不同意的程度。问卷下面列出了计分方法和韩国大学生的平均分数。

| ① | ② | ③ | ④ | ⑤ | ⑥ |
|---|---|---|---|---|---|
| 非常不同意 | 不同意 | 不太同意 | 有点同意 | 同意 | 非常同意 |

❶ 别人如何看待我很重要。（　）

❷ 我很想将我的成就告诉别人。（　）

❸ 我的失败经历通常不会告诉别人。（　）

❹ 我经常询问别人我看起来好不好。（　）

❺ 时常担心别人如何看待我。（　）

❻ 特别注意自己的外貌。（　）

❼ 不管别人说什么，我都可以决定自己的幸福。（　）

❽ 犯错时会坦率承认。（　）

❾ 我能否完成某件事，往往取决于别人能否相信我能做好。（　）

❿ 我应该做什么事，经常依赖他人的决定。（　）

⓫ 我不太好奇别人怎么看待我。（　）

⓬ 听到负面评价时，很难对自己做出客观判断。（　）

⓭ 当别人对我发脾气时，我很不喜欢自己。（　）

⓮ 即使别人与我的意见不同，我也会坚持我的立场。（　）

⓯ 我很少对自己做出正面评价。（　）

⓰ 比起我对自己的正面评价，我更看重别人给我的正面评价。（　）

⓱ 当我发现我让他人失望时，就会觉得自己一无是处。（　）

**计分方法**

❶ 将每一题的分数相加，求得总和，号码前面标有 R（Reversed Score）的题目代表计分方法刚好相反。

| 题目 | ① | ② | ③ | ④ | ⑤ | ⑥ |
|---|---|---|---|---|---|---|
| ❶❷❸❹❺❻❾ ❿⓬⓭⓯⓰⓱ | 1分 | 2分 | 3分 | 4分 | 5分 | 6分 |
| R❼ R❽ R⓫ R⓮ | 6分 | 5分 | 4分 | 3分 | 2分 | 1分 |

将 17 道题目的分数相加，总分越高，表示自我价值感来自外部（他人的认可）的比例越高，产生心理不适应的可能性越高。预计总分的范围在 17 ~ 102 分，而韩国大学生的平均总分为 60.93 分。

❷ 根据以下人格特质计算总分,与韩国大学生的平均分数做比较。公共自我意识是指在很多人面前,关注自我行为的倾向。

| 人格特质 | 低自尊感 | 在意他人意见 | (行为上的)依赖性 | 公共自我意识 | 装腔作势 |
|---|---|---|---|---|---|
| 题目 | ⑫ ⑬ ⑮ ⑯ ⑰ | ❶ ❷ ❹ ❺ ❻ | ❾ ❿ R⑭ | ❸ R❽ | R❼ R⑪ |
| 平均 | 16.66 | 20.57 | 9.26 | 6.13 | 8.31 |

即使犹如仓鼠般在滚轮中奔跑，

我们也怀抱着梦想，奔向更美好的人生。

虽满怀雄心壮志，但很容易因遇到困难而中途放弃，

或时常在寻找捷径时迷失方向。

努力想做得比别人更好，因此不由自主地想太多，

我们总在未雨绸缪地做规划，明明已经非常努力，

为何事情却总不尽如人意呢？

在错误中反复碰撞令人力不从心，

在选择的路口，心情就会变得错综复杂。

虽然急躁、捷径的陷阱偶尔会拖住你的后腿，

但你的愿望、自信和实践将会带来正面改变。

为了使今日比昨日更好，请试着做出某种不同的尝试，

找出能为你带来重要变化的关键词。

无论怎样努力，做了总比不做强，

如果你认为为时已晚，或许正是你重新开始的时候。

PART
2

写给
倾听内在声音的你

CHAPTER
11

## 实践比思考更重要

## 做事拖延的人

我总在考试临近时才开始学习，临时抱佛脚的结果就是经常搞砸考试；我因未能在规定期限内把书归还给图书馆，导致缴纳滞纳金；我还经常拖延给家人买生日礼物，直到生日前一天，在商场关门之前才匆忙地去买，搞得自己狼狈不堪。

对于考试的不安感，以及无法自我管理的问题，经常令我感到困扰。虽然我满脑子都想着要准备考试，但我总会做一些和考试毫不相关的事，直到考试前一天为止。考试前夕，电视上刚好播放我喜欢的美剧，所以我打算"看完这个剧就去看书"，但紧接着是我喜欢的选手参加的足球比赛，我又忍不住看起来。看完比赛，我觉得好累，决定睡一会儿再起来看书，于是将闹钟定在凌晨4点。当我睁开眼睛，却惊讶地发现已经7点了，那一刻我整个人瞬间清醒。我发狂似的翻阅课本，但连考试范围的1/3都没读完，最后考试成绩惨不忍睹。

我下定决心，下次考试时绝对不看电视，要执行和老师一起制订的读书计划,可是……总之,最后我连一页书都没读完。我打算先填饱肚子再用功读书,所以决定去煮一碗泡面,但我想起吃泡面对身体不好,所以上网查询健康吃泡面的方法,结果发现方法五花八门,看得我眼花缭乱。我按照网上的食谱煮了泡面,此时已经过去 1 小时了,不过泡面很美味,我吃得很开心。吃完泡面后,我的眼皮变得有点儿沉重,困意随之袭来,所以我告诉自己,睡一会儿就看书……可是,等我醒来,又是早上 7 点了。

只要遇到重要考试,我就会临时抱佛脚般突击学习,然后又因为考试准备不充分和心理压力,导致无法取得理想成绩而后悔不已,我担心我的个性会影响到今后进入社会生活。

## 拖延症是因为懒惰吗?

通常,习惯拖延的人都比较懒惰。你经常会先处理无关紧要的事情,而把重要的事情搁置一边。此外,你因为拖拖拉拉的性格,或在执行重要计划时遇到危机,或成绩不好而苦恼,或与身边的人关系疏远,在生活上感觉忧郁、不安和无助。

问题不在于你制订了错误的学习计划对考试焦虑不安,而在于读书之前的准备阶段。电视节目、食物、网络……各种各样的理由导致你无法开始最重要的任务——准备考试。你可能会说:"我下定决心读书,坐在书桌前面,这都不是什么难事,但每当我开始要读书的时候,就会觉得书桌凌乱不堪。我无法忍受在这种状态下读书,所以决定把书桌整理干净。既然我开始整理,那么就彻底整理好,于是我开始整理笔记本和资料夹。我给资料夹贴上科目标签后,又觉得手写的字不好看,所以打印出标签再贴上,然后顺便把电脑桌面的文件夹按内容分类。我用了3个小时将书桌、书架和电脑桌面整理完毕,虽然筋疲力尽,但心满意足。我原本很想读书,但发现浪费了很多时间。"

许多学生都像这样,经常会有"看完这个就去读书""吃完泡面就去读书""整理完书桌就去读书"的想法,这些统称为"只要做完某事就去读书"的思考模式。**问题在于,虽然你有读书的想法,但并没有采取实际行动。**

**这种将某项工作放在眼前,却分心去做其他事情或无所事事的行为,被称为"拖延行为"。**这种拖延行为反复出现,导致当事人或他人感到不舒服的情况称为"拖延症"。有研究表明,美国有45%的大学生、韩国有46%的大学生患有拖延症。

爱拖延的人经常会犯一个错误,他们认为只要为读书"赋予动机",就达到了实际读书的"目标行为"。实际上,大部分人并不容易从赋予动机过渡到目标行为,而是被各种杂念干扰。

起初，你制订了先看电视节目，半夜再起来读书的详细计划，你费尽心思在有限时间内提高效率，然后你的注意力转移到如何把泡面煮得美味健康的杂念上，所以你的读书目标完全没有付诸行动。

**你必须改变只要赋予动机，目标行为就会自动达成的错误观念**，否则每次都把时间浪费在无关紧要的事情上，实际却完全没有读书。

## 如何打破拖延症的恶性循环？

我们怎样才能打破拖延症的恶性循环？根据认知治疗师戴维·伯恩斯（David D. Burns）的说法，因为爱拖延的人从赋予动机到目标行为的过程很艰难，所以最好在赋予动机之前做出与目标行为相关的"热身动作"。换句话说，**从赋予动机到目标行为的过渡中增加一项，变成"热身动作—赋予动机—目标行为"3个阶段的过程。**

若将这个理论运用到你的情况，为了执行目标行为（读书），你需要做与读书直接相关的热身动作，并排除其他不相关的行为（看电视、煮泡面）。例如，你先打开课本，大声念出前两页的内容，这就是读书的热身动作，有助于你完成目标行为（准备考试）。

建议你在做与目标行为相关的热身动作时，搭配以下的 4 种方法，效果更佳。

第一，请记住从错误中学习的过程是必需的。**即使你做热身动作，也可能无法一次就达成目标行为，失败是不可避免的。** 希望快速见效，是爱拖延的人对于追求效率的过度执着。你必须放下希望正面变化如魔术般瞬间出现的期待，保持耐心，即使自己有一点儿变化，也要珍惜它。

第二，行动计划最多不超过 15 分钟。与目标行为相关的热身动作最好在 15 分钟之内完成。对于爱拖延的人来说，以 1 小时为单位制订计划，几乎就不会执行。此外，你必须摆脱计划一定是完美的压力。**当你期望完美无缺的计划时，你很容易掉进效率的陷阱，也就是"用最小付出换取最大回报"的心态，使自己再次陷入拖延困境。**

第三，经常用正面话语激励自己。请仔细观察，自己在执行计划时，内心主要在想什么。如果你总是自言自语，说"我做不到""就算这样做也没有用""这就是在浪费时间"等负面话语，**建议你在执行计划之前，将它们改成"我现在正在努力""我可以改变"等正面话语。**

第四，在拖延症发生之前，请准备好能够提醒自己的物品。比如，在冰箱门等容易看到的地方写下"我绝不拖延"，接着大声念出，这样也会带来帮助。

此外，当你出现拖延行为时，你的家人或朋友可以给你鼓励或建议，比如你们一起约定完成目标行为后看美剧，以此帮助你缓解拖延行为。对于晨练困难的人，建议最好在醒来后立即戴帽子、穿运动服出门。这是因为戴帽子和穿运动服的热身动作，开启了通往目标行为之路。

对于那些下定决心要执行计划，却困惑无法达成目标行为的人，我们需要帮助他们从完美的计划中解脱出来，鼓励他们去做与目标行为直接相关的热身动作，使热身、动机、行为机制自行运转。**请记住，问题的症结不在于缺乏思考，而在于没有实际行动。**

### 进一步了解：拖延者的类型

根据对拖延患者的 20 多年咨询经验，美国的临床心理学家琳达·萨帕丁（Linda Sapadin）将拖延症患者分成 6 种类型：完美主义者、自寻烦恼的人、过度工作者、梦想家、反抗者与遇到危机才会采取行动的人。如果你认为自己有拖延的倾向，请确认自己最接近以下哪种类型。请注意，一个人可能同时属于多种类型。

⊙ 完美主义者

被交付任务或工作时，因为想做到尽善尽美，导致迟迟无法开始工作的拖延倾向。如果你是个谨慎的人，拖延的情况可能更严重。

⊙ 自寻烦恼的人

完美主义者是将重点集中在必须做好工作，而自寻烦恼的人常常担忧要是做不好的话该怎么办，所以不敢贸然着手进行。

⊙ 过度工作者

无法拒绝他人的请求，导致自己要做的事情太多，被工作压得喘不过气，最后只好一再拖延。因为想当好人的欲望强烈，无法轻易拒绝他人。虽然表面上被大家视为善良的人，但当事人往往感到力不从心。

⊙ 梦想家

被交付任务或工作时，不从现实的角度思考，反而把事情想得过于简单，以为整件事只要有梦想就能实现，或者几个小时就能轻松完成。由于缺乏实际计划或时间管理能力不足，因此频频推迟工作，最后导致延期。

⊙ **反抗者**

小时候常听到父母说"去做这件事""不要做那件事",长大后内心就会习惯性地出现反抗情绪。只要听到有人说"你去做这件事吧",就会感到自己是被强迫的,因此出现刻意不去做的倾向,而且这种特性不太容易改变。

⊙ **遇到危机才会采取行动的人**

享受截止日期临近时的紧张感,对自己过于自信。一开始缺乏做事的动力,但等到时间所剩无几时,就会发挥超乎常人般的能力把事情做完。但是,一旦没有按时完成任务,心情就会变得低落。

---

**拖延模式测验**

请填写空格,确认自己的拖延模式。

❶ 姓名　＿＿＿＿＿＿＿＿＿＿＿＿＿

❷ 年龄　＿＿＿＿＿＿＿＿＿＿＿＿＿

❸ 性别　＿＿＿＿＿＿＿＿＿＿＿＿＿

❹ 职业（请具体说明）

＿＿＿＿＿＿＿＿＿＿＿＿＿＿＿＿＿＿＿

❺ 写下最容易拖延的事情（最多 4 件），接着以 1% ～ 100% 来表示自己觉得困扰的程度。

❻ 请写出拖延获得的好处。

❼ 请写出拖延造成的坏处。

❽ 分别写出拖延时的主要经历。

（想法）

（情绪）

（行为）

CHAPTER
# 12

## 如何应对"上台焦虑"?

## 在别人面前丢脸，怎么办？

　　每次我在公司开会做报告时，都感到很苦恼。我希望在做报告时大显身手，让大家肯定我的能力，结果却表现得过于紧张，事与愿违。做报告的前一晚，我会事先将要讲的报告巨细无遗地写下来背诵，为了做好准备几乎整晚没睡。

　　做报告当天，虽然大家的目光都集中在我身上，令我倍感压力，但我仍下定决心要好好表现。一开始报告进行得比较顺利，后来主管突然提出我没有预料到的问题，瞬间打乱了我的节奏。我顿时大脑一片空白，不知道应该说什么，之后的报告也讲得一塌糊涂。我的声音微微颤抖，手心冒汗。虽然做完报告了，但每当回想起那天的情况，还有参会者看到我的窘境，我都会觉得无地自容。

## 蚕食灵魂的焦虑

心理学上将这种症状称为"上台焦虑"。从广义的角度来看，上台焦虑也是社会焦虑之一。随着人们在公司、学校等场合的发言情况增加，这种焦虑症已经十分普遍。

有趣的是，当我与上台焦虑的患者交流时，**我发现那些上台焦虑症状越严重的人，做的准备工作越多，而且他们经常产生"我不能焦虑"的想法。**这些人往往会背诵事先写好的发言稿，或完全按照稿子的内容做报告。他们认为只有这样做，才能顺利进行报告。

可是，问题恰恰就出在他们做了太多准备。在报告的前一天没有充分休息，导致做报告的当天因疲劳过度而注意力下降。此外，由于他们完全将注意力放在事先准备的内容上，无法顾及现场气氛和听众的反应，最后变成一场枯燥乏味的报告。若是他们出现失误，或收到一个意想不到的提问，就会完全想不起事先背好的内容。

心理学上将这种事先撰稿并熟记的方式称为"安全准备行为"。焦虑程度越高，就越会出现强迫性的安全准备行为。换句话说，**安全准备行为越多，就越容易产生焦虑。**因此，如果你的焦虑程度很高，改变的关键就在于逐渐减少这种安全准备行为。

尽管如此，我并不是强调做报告之前不做任何准备，而是要适当准备。在做报告的前一天，为了准备而不眠不休，在过度焦虑的状态下将稿子倒背如流，其实是没有必要的。基于不安感，准备很多报告内容，也是常见的行为，这样做会影响听众接收要点。请记住，只有适当的准备与放松的心态才能给整件事带来正面影响。

### 矛盾的不安，越压抑就越严重

有重度上台焦虑的人，心中经常提醒自己不能焦虑，他们会想办法控制自己的不安。常见的方法有腹式呼吸和肌肉放松训练，这些方法确实有一定的效果，不过对于不安指数很高的人来说，很难达到显著的效果。不安的人身体已经明显出现焦虑症状，内心却产生不能焦虑的想法，这两者之间出现冲突。因此，即使他们做了呼吸训练，也不会有明显的效果，再加上他们经常以不能焦虑的想法强迫思维，反而可能使不安加剧。

我们来了解应对上台焦虑的几种措施。

第一，做报告时感到不安是正常的反应。与其强迫自己不能感到不安，不如接受并认同这种不安感。

第二，减少过度的安全准备行为，比如，写出完美的报告并死记硬背等。建议你采用熟悉报告内容、挑选关键字，并事先演练等方式。此外，要注意在报告的前一天充分休息。

第三，如果有必要，事先学习腹式呼吸或肌肉放松训练。举个简单的例子，假如你心中有一个四方形的箱子，首先请你想象箱子上方的横线（从左到右），同时吸一口气，接着想象右侧的竖线（从上到下），同时屏住呼吸，再来想象下方的横线（从右到左），同时慢慢地呼气，最后再次想象左侧的竖线（从下到上），并且再次屏住呼吸。只要你重复这个过程5～10次，就能缓解紧张感。

第四，当你做报告时，请想象听众都是你喜欢的、亲近的朋友。就算上台焦虑症很严重的人，也不是每次上台都感到不安，请试着回想在熟悉的人面前轻松说话的感觉。

第五，偶尔感到不安并无大碍。如果你的声音因为不安而颤抖，而且无法控制它时，干脆就用颤抖的声音说话；要是你的手心出汗，就任由它流更多汗。无论你怎样做都会感到不安，那么就带着尝试的心态，勇敢地迎接每次挑战。

你可能会怀疑，这种方法真的有效吗？**如果你什么都不做，就不会有任何改变，因此做了总比不做强。**假如你觉得反正情况不会更糟，就暂时保留怀疑的态度。想摆脱不安，反而进入更深的不安中，也可能会出现意想不到的效果。

心理学上将这种方法称为"矛盾意向法"。这个过程的重点是，"即便你处于恐惧及想要逃避不安，也不会产生自己想象中不可挽回的局面"。如果可能的话，最好在专业咨询师的指导下使用这个方法。

### 进一步了解：抑制思考的反效果

抑制思考会有反效果（或反弹效应）[1]，当你越抑制某种想法，该想法就越容易出现，这是一种矛盾的结果。心理学家丹尼尔·韦格纳（Daniel M. Wegner）通过实验证明了这个结论。

**韦格纳的白熊实验**

韦格纳将实验参与者分为两组，他指示第 1 组尽可能不要去想白熊，对第 2 组则未下任何指示。过了一段时间后，他请这些人再次思考关于白熊的一切，并要求他们在心中想起白熊时按下响铃。结果显示，一开始被指示避免想起白熊，也就是思考受到抑制的一组，反而比另一组更频繁地想起白熊。

换句话说，越是努力不要去想起白熊的一组，越难控制自己的想法。我们所有人都很努力地想控制内心，然而却没有想象中那么简单。

---

[1] 反弹效应也叫后抑制反弹效应，是一种心理效应。

想必你一定有这样的经历：你试图改变心情，心情却变得更加低落；你想消除紧张感，却变得更加焦虑。韦格纳的实验证明，对于内心排斥的想法，人们的反应会更加敏感。

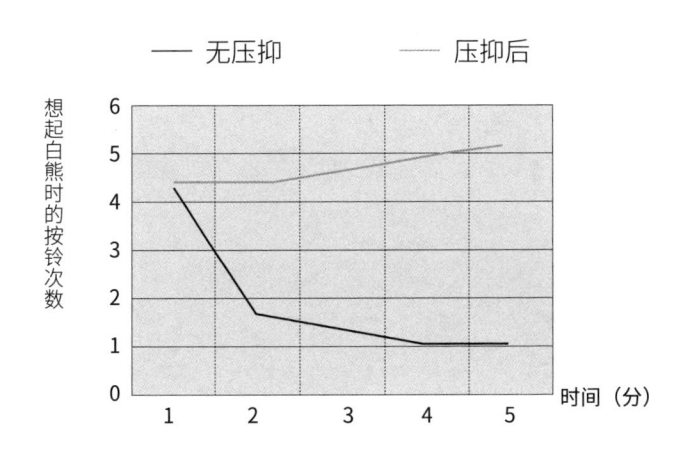

**思考抑制的反效果**

观察上面图表的两条线，我们可以得知，虽然出发点（1分钟时）相同，但想法受到压抑（抑制）的那一组反而持续想着白熊，按铃次数维持在一定水平；相反，没有受到压抑的那一组按铃次数明显减少。

考虑到这种思考抑制的反作用，若你的脑海中出现负面想法时，相比有意识地去消除它，不如坦然地接受自己不安的事实，让负面想法顺其自然地消散更为有效。"接纳与承诺疗法"（Acceptance and Commitment Therapy，ACT）即是运用这种原理的一种心理治疗。这种疗法是最新的认知治疗法，强调人们想要尽快摆脱痛苦的行为（回避经验）会造成痛苦的感受，因此，我们应该积极接纳自身存在的经历，这才是减少痛苦的有效方法。

CHAPTER
## 13

# 完美主义者并不完美

## 无法满足的完美主义者

上学时，我的成绩名列前茅；工作时，我经常被领导视为认真负责的好员工，但我总是觉得自己做得不够好，为此感到痛苦不已。我经常会自责，明明我可以做得更好，是不是我太怠惰了？就算其他人告诉我，我已经很棒了，我也闷闷不乐。我的内心充满"只要再多努力一些，就能获得更好的结果"的想法，对自己达不到目标而感到失望。

我不想和别人一样过着平凡的生活，认为只有出类拔萃才有价值。我常常告诉自己"我可以做得更好"，却总是因为害怕失误而提心吊胆。就像某个部队的一句口号："用结果证明过程。"我认为不管再怎么努力，只要结果不尽如人意，都说明努力得还不够。每当在工作上被主管或同事指责时，我就会觉得很受伤，不断回想那些话。我制订的计划不能出现任何差错，如果稍有闪失，我就会后悔自责。虽然我很讨厌自己焦虑不安的样子，但为了出人头地也无可奈何。我可能原本心情好好的，只要事情没有按照预期发展，就会觉得自己很悲惨，认为自己是个"彻头彻尾的失败者"。

## 完美主义者的特征

这类人被称为"完美主义者"。完美主义者会设定现实生活中难以达成的目标或标准，然后努力实现它们。这种人经常与他人比较，不管是哪方面，只要觉得有人比自己做得好，就会产生自卑感，心情变得焦躁不安，因此他们的人生才会变得不幸福。人本来就是不完美的，追求完美本身恰恰证明了那个人的不完美。

完美主义者有哪些特征呢？心理学家兰迪·弗罗斯特（Randy Frost）指出了完美主义者的6种特征：

· 凡事担忧会失误。

· 对于自身行为的结果没有把握，经常感到怀疑。

· 父母对我寄予厚望。

· 父母经常批评我。

· 不管做任何事，都会追求高标准。

· 凡事计划周密，有条不紊地完成。

追求完美的人，感觉好像有个人站在内心的镜子里注视着自己的成果。他们的完美主义倾向可能不是与生俱来的，而是在成长过程中逐渐形成的。为了完成父母的高度期待、避免被指责,他们习惯竭尽全力,然后在不知不觉中形成完美主义的态度。

**完美主义者强烈渴望获得他人的认可,若是被交付的工作无法完美执行,他们就会产生比他人更强的挫折感与自责。当自责像一支利剑不断刺向内心不稳定的自己,就可能陷入严重的忧郁情绪。**

在他人眼中,你在工作上表现出色,也能获得周围同事的信任。然而,你自己过得不幸福,你认为明明可以做得更好,却没办法达到理想的标准。像你这样的人,即使某项工作做得很成功,身边的人都赞不绝口,你也会被内心的质疑声困扰,"我努力得还不够,很遗憾没能做得更好"。

虽然很多人已经取得出色的成绩,但仍然不满足。这些人经常会说:

"我确实付出了努力,但并没有竭尽全力。"

"我只是做到不错而已,并没有达到出类拔萃的程度。"

"能将某件事做到令人惊艳是最好的。"

"如果只是平凡度日,人生还有什么意义?"

"他人的称赞不过是出于礼貌,我与完美之间还有差距。"

"真讨厌那些叫我放轻松的人,他们又不会帮我完成。"

"我这样休息真的没关系吗?"

**对于完美主义者而言，做到出类拔萃是至关重要的。他们可能会认为，想要做好某件事的心态，也就是想要拥有"非凡的能力"是正常的想法**，特别是身处财富与机会有限的社会，竞争是相当激烈的。因此，做好某件事是有助于在社会中立足的重要因素。

实际上，追求拥有非凡的能力，促使完美主义者对每件事都做得尽善尽美，从而取得更出色的成果。完美主义者可能会追求更具价值的人生而全力以赴地做某件事，而不是选择过平淡无奇的生活。很多完美主义者深受抑郁症之苦，想必没有人愿意自寻烦恼。他们很努力，也取得了优异的成绩，但为什么常常郁郁寡欢呢？

完美主义者追求的不是"做得很好"，而是要"出类拔萃"。所谓的出类拔萃，意味着要超越某种难以达到的标准，也代表失败的可能性很大，因此完美主义者更容易产生挫折感与自责。

**完美主义者在设定标准时，往往与比自己实力强大的人比较**。完美主义者比较的对象大多数在某个领域耕耘多年，或者有出色的成绩。当他们和这些人比较时，自然会产生自卑感，内心感觉挫败。

**如果把失败的原因视为自己不够努力，或者没有能力，越是这样想，陷入忧郁的沟壑就越深。**当然，完美主义者并不承认他们的标准不切实际,他们甚至认为,降低标准只会让懒惰更加合理化,实际上,他们经常把问题处理得很复杂。

从表面上来看,完美主义者努力想取得成功,但他们内在的动机是想避免"不好的结果"或是"失败"。表面看来,努力取得成功与避免不好的结果都是为了取得更高的成就,但其实这两者之间有天壤之别。由于完美主义者担心出现失误,而且对自身行为结果抱有强烈怀疑的态度,再加上避免负面结果的动机,他们在工作过程中不断担心自己是否步入正轨,就算最后成功了,也只是感到宽慰而已。

## 幸福的完美主义者

比任何人都努力,却更容易受到挫折的完美主义者,如何才能获得幸福呢?我们来了解几种方法。

第一,**请在"必须做好"的想法之前加上"可能的话"**。追求拥有非凡的能力是很自然的事,只不过请将"只能做到出类拔萃"这句话改成"可能的话,就努力把事情做好吧"。重点在于,当你在不经意间说出"必须怎么做""早知道应该怎么做""一定要""绝不"等话语时能及时察觉。当你发现自己内心产生这些想法时,就在心中默念:"停下来,停下来。"你可以做深呼吸，然后在这些话前面加上"可能的话"或"如果条件允许的话"等话语。如果你的心中产生"只有这样做，人生才会变得有意义吗？"的疑问，就表示你是完美主义倾向非常强烈的人，希望你先别断定结果会失败，而是把关注点放在尝试上。

第二，**请将目标设在 70%，而不是 100%**。因为完美主义倾向，你取得了很多成就。他人的认同、达成目标、自我管理等，这都是你努力的成果，你值得为自己骄傲。不过，在你为了达到"出类拔萃"的奋斗过程中，反复出现的挫败感与自责消耗了很多能量。因为你设定了过高的标准，所以必须有意识地将标准调整得更加实际。例如，假设以前你设定的标准是 100%，现在有意识地将它设定为 70% 吧。你不可能每一次都能完全实现目标，维持平均 70% 不仅更切合实际，而且有助于减轻压力。

第三，请将方向从"为了避免不犯错"调整为"为了做好一件事"。既然你要付出努力，与其为了避免失败而工作，不如带着成功的心态去工作。当你的内心深处担心犯错时，在实际行动的过程中会一直感到不安，也容易对结果产生怀疑，导致你失去对工作的热情与创意。

## 进一步了解：完美主义的心理机制

研究完美主义的学者夏弗朗（Shafran）等人，以流程图来呈现完美主义者思考的过程。

第一，对于完美主义者来说，在特定领域（例如减肥）设定过高的执行标准（每天一定要减掉1公斤），根据自己能否达到标准，评价自身的价值。

第二，评价执行成果时，采用将部分成果（每天减掉0.5公斤）完全视为失败的二分法思考模式，而这种失败感随即会引发自责。

第三，暂时达到自我标准时（连续两天都减掉1公斤），不会对实现目标感到开心，而是怀疑之前设定的标准是否太简单，于是设定更高的标准，导致失败感与自责变成一种恶性循环。换句话说，完美主义者无法真正体会快乐，他们始终活在感觉自己不够好的痛苦中。

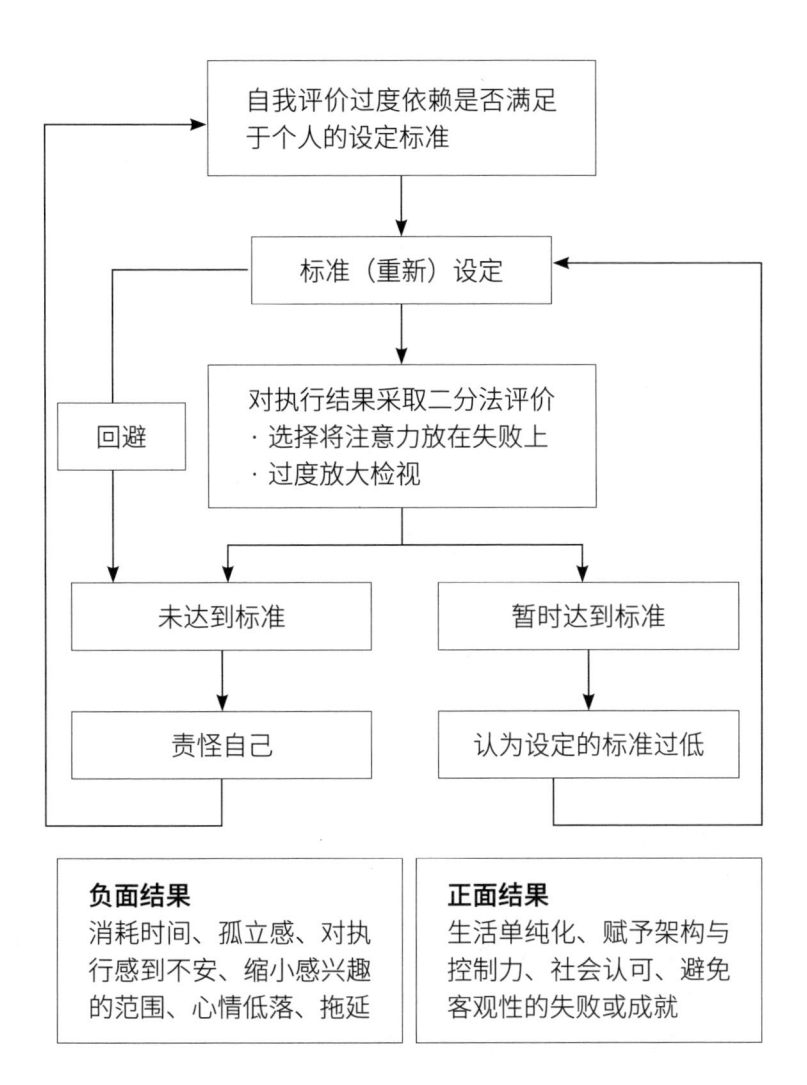

CHAPTER 13 完美主义者并不完美 121

```
                 ┌─────────────────────┐
            ┌───→│ 自我评价过度依赖是否满足 │
            │    │    于个人的设定标准    │
            │    └──────────┬──────────┘
            │               ↓
            │    ┌─────────────────────┐
            │    │    标准（重新）设定    │←───────┐
            │    └──────────┬──────────┘        │
            │               ↓                   │
            │    ┌─────────────────────┐        │
            │    │ 对执行结果采取二分法评价 │        │
   ┌──────┐ │    │ ·选择将注意力放在失败上 │        │
   │ 回避 │ │    │ ·过度放大检视         │        │
   └───┬──┘ │    └──────┬───────┬──────┘        │
       │    │           ↓       ↓               │
       │    │   ┌───────────┐ ┌───────────┐     │
       ↓    │   │ 未达到标准 │ │ 暂时达到标准│     │
            │   └─────┬─────┘ └─────┬─────┘     │
            │         ↓             ↓           │
            │   ┌───────────┐ ┌──────────────┐  │
            │   │  责怪自己  │ │认为设定的标准过低│──┘
            │   └─────┬─────┘ └──────────────┘
            └─────────┘
```

| 负面结果 | 正面结果 |
|---|---|
| 消耗时间、孤立感、对执行感到不安、缩小感兴趣的范围、心情低落、拖延 | 生活单纯化、赋予架构与控制力、社会认可、避免客观性的失败或成就 |

**完美主义的心理机制**

**为了缓解这种痛苦，请尝试下列方法：**

❶请写下你取得成功的事例（至少3个）。

_____

_____

❷当事情没有按照计划进行时，你受到的打击程度是多少？请用1～10分评分，按由低到高的顺序进行排序。请从评分最低的项目开始，写出至少2个可以反驳的想法，并大声说出来。

_____

_____

❸请闭上眼睛3分钟，做几次深呼吸、腹式呼吸，回想自己最幸福的时刻。

_____

_____

❹请试着写下进行以上步骤时产生的全新感受。

_____

_____

CHAPTER
## 14

# 努力做一件事，
# 总比什么都不做好

## 做事总是半途而废，
## 是因为意志力薄弱吗？

　　最近几年，我的体重增加了 20 公斤，令我非常苦恼。我已经很疲惫了，我的睡眠时间不足，如果运动的话根本就是强人所难。可是，年底的体检结果显示，我患有高血压、高血脂、脂肪肝与代谢综合症，情况很严重。医生给我开了处方药，同时强调一定要规律运动。其实，每天早上醒来时，我的后颈都严重僵硬，我也意识到了身体健康的重要性，下决心要采取行动。

　　我在网络上搜寻健身房，比较运动器材、停车设施、价格、距离等各项条件，最后选定了满意的一家。健身第一天，我做了游击体操之类的运动，回到家后，平时僵硬的肌肉仿佛都在抗议，我的全身都很酸痛。第二天睡醒后，我的肌肉酸痛更严重了。尽管如此，毕竟我下了很大决心才开始运动，所以不能只做一天就轻言放弃。

隔天，我继续去健身。这次，我觉得头晕目眩，心里很难受，最后我直接瘫坐在地上。教练鼓励我："你的运动强度并不高，最好每天记录'饮食日记'。"我心中懊恼，为什么自己要花钱受这份儿罪？我不想去健身房了。尽管如此，次日我仍拖着不情愿的脚步去了健身房。那天我迟到了5分钟，我也没带教练要求我记录的饮食日记，所以被年轻的教练训斥。我的肌肉变得更酸痛，心里满是委屈。隔天早上，我因为轻微发烧，没去健身。躺在床上休息的我宛如置身天堂，心里却有些愧疚。虽然我已经预付健身房6个月的使用费和3个月的教练费，但我再也没去健身。

后来，每当我经过那家健身房，内心都充满自责感。只要我开始做一件事，就没办法坚持到底，我的意志力是不是很差呢？

## 你想得太多，却没有实际行动

每逢新年伊始，人们就会宛若新生一般，萌生新的愿望和决心。

"3个月内，我一定要减掉20公斤。"

"我一定要每天存100元，然后用今年存下的钱完成一次家庭旅行。"

"我要每天步行到地铁站,走 10000 步。"

"从今以后,我绝对不在深夜吃泡面。"

"新的一年,我要戒烟。今天就是戒烟的第一天!"

"我要把每天看电视的时间控制在 2 小时以内。"

"从明天开始,我早上 6 点起床,三餐也要规律进食。"

"我希望减少看手机或上网的时间,每周看一本书。"

**只要你按照自己制订的计划,下定决心去做,就能朝着期待的样子前进。**如果你的计划总是失败,你就很难重新下定决心。当你下定决心要开始运动,结果却只带来"我果然不行"的自责感,一定很气馁吧?有一位朋友跟我抱怨,他原本打算在家里运动,所以接连在网上购买了各种运动器材,把整个家布置得像一间健身房,最后这些昂贵的运动器材却被拿来当作晾衣架。

真心想要改变,为什么实践却如此困难?**如果你想要养成某种新的习惯,需要先理解改变的过程,了解改变过程中阻碍你前进的原因。如果我们能突破阻碍,就更接近我们所期待的样子。**

意志力薄弱的人有一些共同的特征。

第一,**总是想得太多,却没有实际行动**。有时会有"既然开始,就好好做"的想法,却没有把重点放在付诸行动,而是在权衡各方面,追求投资成本的利益最大化。为了做好运动,你把许多时间都花在挑选健身房、教练、运动服和运动鞋上，却没有认真选择与自己健康状态和能力相符的运动。也就是说，你没有坦率地向教练说明你更适合做哪项运动，并试着做出调整。运动时，时髦的运动服和运动鞋不是必需的。就算你的运动服已经过时，只要穿起来舒服就可以，而且穿普通的鞋做运动也无妨。关键是你把过多的精力都放在准备运动上，却没有放在运动本身上。**你想好好做，却想得太多，反而成了一种阻碍。**

第二，**开始做一件事，一旦发现事情进展得不顺利，就一蹶不振。**要知道，从最初的下定决心到获得结果需要时间，尤其是当想达到某种程度时，需要通过好几个关卡。比如，学习吉他，很多人都迫不及待地想弹出美妙的音乐，于是抓紧练习，但他们没料到手指会因为重复按和弦而长茧，所以有的人在这个阶段就放弃了。其实，如果你练习一个月以上，你的手指长出老茧，就能在没有疼痛感的情况下坚持弹奏了。如果你无法克服练习初期遇到的困难，最好先收起你的雄心壮志。**在装满水桶的过程中**，虽然一瓢一瓢地加水看似微不足道，但只要持续加水，就会不知不觉地装满水桶。在改变的过程中，有时会取得突飞猛进的效果，有时则处于没有变化的停滞状态。假如你一心只想快速取得成功，那么失望是必然的。

第三，**容易给自己找借口，而不付诸行动。**通常，意志力薄弱的人的特征之一，就是为自己不执行计划而找借口。你有很多理由让你觉得做运动很困难，比如被年轻的教练训斥、肌肉酸痛、记录饮食日记很麻烦，等等。这些借口和抱怨，很容易使你的计划失败。

第四，**当部分计划失败后，你索性放弃整个计划**。计划执行几天后，你发现事情进展得不太顺利，就会心想"我果真意志力薄弱，每次都这样"，然后再次陷入自责。人们在下定决心和计划时，脑海里总会浮现成功的画面。当你开始执行计划，但发现部分计划没有按照预期进行，就失去坚持下去的动力。同理，你只因为一次身体不舒服没做运动，就觉得整个健身计划都失败了，那样只会半途而废。

## 哪怕取得很小的成功，也请给自己一个奖励

意志力薄弱的人该怎么做，才能带来正面的改变呢？

第一，**就算只实践一天，也比不去实践强**。你实践了3天，第4天因为身体疲惫而中断，那么这3天的努力也没有白费。只要你好好休息，就能在第5天继续运动。你必须摆脱脑海中理想的实践计划，也就是一天都不能停止运动，放弃不间断实践的强迫性想法。同时，你也不必自责只实践了3天，而是应该鼓励自己，稍作休息后继续就好。

第二，**在实践之前的热身阶段，行动必须多于想法**。虽然想法改变，行为也会跟着改变，但有时却是相反的。你要先采取行动，以便那些旧的想法发生质的改变。实际上，你要多关注运动本身，而穿哪一种运动服、运动鞋并不重要。如果你事先把一切都准备得很完美，等到实际行动的时候，可能想做的愿望就没那么强烈了。既然下定决心，就立即行动吧！**经历失败是自然的事，不要为了避免失败而耗费过多时间，用行动来证明你的改变。**

第三，**哪怕取得很小的成功，也请给自己一个奖励**。心理学上将人们对自己能够完成某件事的心态称为"自我效能感"，它是在积累成功经验的过程中形成的。请记住，从开始运动到连续几天坚持运动，你已经完成了一件值得骄傲的事情。你要时常为自己感到骄傲，并给予自己适当的奖励。就算你要减肥，也不必每天严格按照饮食疗法。你在认真运动后，即使有一餐吃热量稍高的食物，也不会影响整个减肥计划。若对自己的成功没有任何奖励，持续采取自我克制的态度，就会逐渐失去动力，陷入痛苦中。

第四，**请将你的计划或决心告诉亲近的朋友，寻求他们的帮助**。你可以把自己的计划、决心以及实践过程中的经验告诉亲近的朋友。当你出现怠惰时，身边的朋友会提醒你；当你感到痛苦不堪时，朋友也会鼓励你。

**第五，尝试写日记，记录正面的变化**。达成计划的过程也是一种学习过程，每个人的成功必然会经历几番波折。每天写日记，有助于形成自我掌控感。例如，请按照以下方式，将内容精简到最少，可能的话，将重点放在你取得的进步或成功上。

· 张开双臂跳跃时不再气喘吁吁。

· 在跑步机上多跑了 5 分钟。

· 教练称赞我很认真。

**即使你没有做得特别出色，也不必灰心丧气**。成功的背后往往都有艰辛的过程，能够维持目前的状态也是很有意义的事。就算偶尔走下坡路，也请尝试记录自己在正面变化后的模样，这将会让你受益良多。

## 进一步了解：寻找变化的关键词

以下练习是记录自己达成期望模样的要素，也就是探索变化的关键词。请按照第 1 阶段—第 2 阶段—第 3 阶段的顺序填写。

姓名 _____  日期 _____

### 第 1 阶段　自己目前的样子

- 请写下描述目前样子的形容词（强烈的责任感、漂亮、性格开朗等），最多 5 个。
- 根据各项的重要性，排列优先顺序。
- 针对各项，按照目前的满足程度以 1～5 分评估（1 分是非常不满足，5 分是非常满足），然后计算平均分数。

| 编号 | 目前的样子 | 顺序 | 满足度 |
| --- | --- | --- | --- |
| ① |  |  |  |
| ② |  |  |  |
| ③ |  |  |  |
| ④ |  |  |  |
| ⑤ |  |  |  |

平均满足度：

目前样子的特征与共同点：

## 第 2 阶段　未来期望变成的样子

- 请写下描述期望样子的形容词（有领导能力、赚钱多、遵守约定等），最多 5 个。
- 根据各项的重要性，排列优先顺序。
- 针对各项，按照达到的程度以 1~5 分评估（1 分是几乎未达到，5 分是大部分都达到），然后计算平均分数。

| 编号 | 期望的样子 | 顺序 | 满足度 |
|---|---|---|---|
| ① | | | |
| ② | | | |
| ③ | | | |
| ④ | | | |
| ⑤ | | | |

平均满足度：

期望样子的特征与共同点：

## 第 3 阶段　变化的关键词

关键词：

新感想：

签字＿＿＿＿＿＿

CHAPTER
# 15

# 斩断强迫思维与强迫行为的闭环

## 强迫症使我身心俱疲

我每次上下班,必须乘坐人流如潮的地铁。虽然有人说,"茫茫人海,擦肩而过,也是一种缘分",但对我来说,这并不是什么缘分,而是一种烦恼。

夏天和身上有刺鼻汗臭味儿的人、冬天和穿厚重衣服的人挤在一起,我总觉得全身有一种无法摆脱的肮脏感,尤其不想坐在病菌的温床——地铁座位上。如果我感到疲惫不堪,偶尔也会坐下,但只要想到可能会感染病菌,一回到家,我就立刻把当天穿的衣服洗干净。

从小我是备受父母期待的孩子,就读于令人羡慕的高中,然后考入一流的大学,后来以优异的成绩考上研究生。我的父母是高中老师,非常重视对子女的教育,而我也没有辜负父母的期待,成为一个品学兼优的青年。我除了偶尔担心考试而失眠以外,没有遇到过特别的烦恼。

然而,我在研究生毕业答辩时,发生了意想不到的状况。

因为考试前一天失眠，我只能以疲惫的状态应考，可能是因为过度紧张，就连平时了如指掌的内容我也回答得磕磕巴巴，最终我没能通过毕业考试。

从此，我的情绪变得暴躁，经常感觉痛苦。我担心自己会在地铁里突然情绪失控，所以内心开始渐渐变得畏缩。每当我觉得情绪快要失控时，就会赶紧躲进洗手间让自己冷静，而这种情况也越发频繁。父母开始察觉到我的异常，我也为自己的状况痛苦不已，担心今后能否在社会上立足。

## 当强迫思维来袭，深陷强迫症泥沼

担心感染病菌，只有把每天穿过的衣服都清洗干净才安心，或者经常情绪失控，这些都是强迫症的表现。强迫症大致可分为两类：强迫思维与强迫行为。**强迫思维表示强迫的想法，强迫行为表示为了消除这种想法而采取的行动。**

强迫思维的另一个说法，称为"侵入性的想法"。常见的强迫思维例子有：

· 过度担心病菌感染的物品。

· 经常担心车门或玄关大门可能没关好。

· 物品只能整齐地放回原位。

另一方面，强迫行为则有以下状况：

- 一旦想到不能感染病菌或细菌，就会反复洗手、洗澡；经常使用吸尘器和洗衣机。
- 即使关好车门、玄关大门和煤气灶，也会忍不住再三确认。
- 物品必须左右对称或对齐，或者（在特殊状况下）恰好相反，刻意让物品保持不对称或不对齐的状态。

想必已经有人意识到，**强迫行为主要是为了摆脱强迫思维的痛苦，强迫思维和强迫行为会依次出现**。一般来说，强迫行为是个人按照特定顺序或次数做事的一种表现，比如刷牙时先刷左侧 3 次，接着停下动作，再刷右侧 3 次。

强迫症患者经历的痛苦，比一般人想象得更严重。由于特定想法在脑海里挥之不去，强迫症患者为了摆脱这种想法，只能采取强迫行为。

当你开始觉得地铁里充满病菌，就越来越害怕坐地铁。在人山人海的地铁里，你不时想着有可能感染各种病菌，因此每天都过得痛苦不堪。虽然你也在寻求自救之道，尽可能在人流量少的时段乘坐地铁，但上下班时间是固定的，你无法完全摆脱这个烦恼。

虽然你顺从父母"必须这样做"的教导，但其实内心深处抗拒的种子早就生根发芽，所以在承受研究生毕业答辩的巨大压力时，才会经历失败。

一旦出现强迫思维，就很难消失。为了不引起他人注意，你刻意隐藏自己的强迫行为，感受无尽的痛苦。强迫症拖得越久，就会越恶化，在社会上也容易感觉被孤立。

## 缓解强迫症，从改变自己开始

深受强迫思维与强迫行为困扰的人，最好逐渐减少完美主义的倾向，并接受心理治疗。有趣的是，患有强迫症的人，往往对治疗效果也存在强迫性的期望。当特定的强迫思维发生时，只有减少强迫行为，才会逐渐缓解痛苦。另外，你可以提醒自己去做与强迫行为无关的事情。当你出现强迫思维时，"我可以控制它"的想法可能会使情况恶化。其实，你应该让想法自然流动，或放任自己的感受，这样做有助于治疗强迫症。

以下是摆脱强迫症的几项条件：

第一，治疗强迫症的重点在于，斩断强迫思维与强迫行为之间的闭环。那些反复检查玄关大门是否锁好的人，一旦出现大门没锁的想法，身体就会率先采取行动。**在强迫行为发生之前，你可以先做深呼吸，或者做一些无关紧要的事情。**当尝试了一次、两次之后就会发现，即便没有返回去检查大门，门依然锁得好好的，什么事都没发生，强迫症的症状就有可能逐渐减轻。

在心理学上,有一种疗法叫作"暴露与反应预防"[1],患者在引起强迫思维的情况或条件下,禁止做出强迫性行为。这种疗法的重点是,先让患者从暴露于不适感低的环境开始,循序渐进地改变自己的行为。例如,因为害怕感染病菌而经常洗手的人,洗澡时也可能会遵照特定的顺序。这时患者可以先尝试不适感最低的行为(以不同顺序清洗身体的某个部位),若成功的话,再挑战下个阶段(以不同顺序清洗身体的两个部位)。如果再次挑战成功,就继续进行下个阶段(采取与平时截然不同的顺序清洗全身),最终达到即使不立即洗澡,也能忍耐的阶段。

第二,严重的强迫症患者,可以通过向精神科医生咨询,并接受一定的药物治疗来缓解症状。心理学家的研究表明,最少需要 1.5～3 个月的药物治疗,才能改善强迫症的症状。

第三,如前文提到的阿尔伯特·艾利斯的 ABC 理论,认知疗法也经常适用于治疗强迫症。这种疗法将维持强迫思维的不

---

[1] 暴露与反应预防是目前非药物治疗强迫症的首选疗法,多项研究已经证实该疗法可显著改善强迫症状。该疗法是在治疗师的指导下,让患者重复并长时间暴露于引起强迫性恐惧的情景中,并且不进行强迫性行为,使患者认识到这些情况并没有危害以及他们的焦虑将会消退。

合理想法和反射性思考，逐渐改变强迫症不适应的信念。

例如，外出时多次检查煤气灶的人，在他们的强迫性思维（煤气没关好会泄漏）之下，是由不合理的想法（如果因为我的失误导致煤气泄漏，我永远不会被别人原谅）起作用的。

虽然关好煤气安全阀的确很重要，但反复确认多次的强迫行为是毫无意义的。你应该建立适应性的信念，或者暗示自己，"检查煤气安全阀确实有必要，但现在煤气灶已经关好了，不会发生泄漏"或"就算煤气安全阀没关，也不一定发生爆炸"等，这些训练都能带来帮助。

计算煤气爆炸的概率，或许也能给你带来帮助。例如，煤气的火苗偶然落到地面的概率低于1/10，家里可能因此着火的概率低于1/50；火苗接触易燃物质的概率低于1/10，扩散到整个房间的概率低于1/10；最后没有消防员扑灭火的概率低于1/100。当你意识到，**你想象中发生的事与实际发生的概率相比是微乎其微的，就能改变自己不合理的想法**。

第四，强迫症患者在接受治疗时，家人的帮助不容忽视。替担心会沾染病菌而不断洗手的家人准备毛巾和肥皂，或者陪伴情绪失控的孩子一起冷静，在某种程度上，这些行为并不是在帮助他们。以后一种情况来说，虽然孩子已经需要专家的协助，但重点是父母必须要理解孩子的反应。此外，父母要帮助孩子意识到，他过于看重未通过研究生毕业考试了。同时，父母也应该共同接受心理咨询，学习如何帮助孩子缓解强迫性的症状。

如果你出现了强迫性的症状，可以在专家的协助下，按下录音机，用3～4分钟详细说明自己的恐惧，接着反复听录音内容，剖析自己的内心。你需要先有意识地观察痛苦，然后逐渐减少痛苦。当然，你也需要专家和家人的共同帮助。

## 进一步了解：强迫症反驳练习

当强迫症患者进行认知行为治疗时，反驳不合理的想法是一个必经的过程。强迫症患者可以和自己的朋友、恋人或配偶一起，两人一组，进行以下强迫症反驳练习。

### 情境举例

对病菌很敏感，过度保持清洁。

⊙ **负面想法**

搭乘充满病菌的地铁后，回到家立即把穿过的衣服洗干净，接着花很长时间洗澡。

⊙ 3 个"理由清单"

坐在地铁座位上,感觉背部和臀部很痒,甚至起了湿疹。

最近有报道指出,地铁扶手上有很多病菌。

和不认识的人有身体接触,令人不适。

## 强迫症反驳练习

❶请写下自己主要的强迫想法或行为,并写出最多 3 个导致如此的"理由清单"。

⊙ **负面想法**

_____
_____
_____

⊙ 3 个"理由清单"

_____
_____
_____

❷两人一组,交换彼此写下的内容,以对方写下的理由来说服他改变强迫思维与行为。当对方试图说服自己时,要想办法反驳他。采用两人一组的方式,互换说服者和反驳者的角色,再说服对方。

❸请写下练习后的感想。

_____

_____

_____

_____

_____

CHAPTER
# 16

## 现实疗法
## 会带来正面变化

## 我要继续手忙脚乱的生活吗？

我每天都无精打采的。我的日常生活就是赶时间上班。早上我经常睡懒觉，就算前一晚事先设好闹钟，醒来后也总发现闹钟已经被我关掉。我匆忙地刷牙、洗脸，接着把牛奶倒进麦片里，一口气喝完就跑出家门了。地铁里拥挤不堪，如果我想要准时下车，就必须发挥推挤和挣脱的功夫，但我连仔细思考"非得要这样生活吗？"的时间都没有，到了公司就开始焦头烂额地工作，不知不觉又过了一天。

回到漆黑的家，迎接我的只有早上慌乱出门留下的杂物。餐桌被各种杂物覆盖，水槽里还留着吃麦片的碗。对于我这样独居的人来说，电视是唯一的朋友。我躺在有污垢的沙发上，不停按着遥控器转换频道，却因为遥控器突然罢工而心烦意乱，应该是电池没电了。我思考着要不要出门买电池，但转念一想这太麻烦而作罢。

我的晚餐经常以泡面果腹。若用泡菜搭配泡面一起吃，就会因消化不良而胃胀。虽然吃完泡面不舒服,但这时睡意已经向我袭来。如果不吃晚餐,我就会感到饥饿;吃晚餐后,食物未彻底消化前,我又会犯困。当我拖着疲惫的身体走进浴室时,那昏暗的灯光仿佛在诉说我的心情。我随便梳洗一番,然后不小心躺在沙发上睡着了。等我醒来时,已经过了午夜12点。我迈着沉重的步伐走向床铺,设好闹钟,心想明天会迎来更美好的人生,再次进入梦乡。

早晨再度来临,闹钟如往常一样被按掉,我再次手忙脚乱地赶去上班。后来,我发现即使我收到工资,也没有特别的兴致。钱总是以各种理由流失,最后所剩无几,再加上令人惊讶的信用卡费用,我常常连确认账单的勇气都没有。有人说至少要存70%的工资,但我无法做到,因为我一直是入不敷出。我不禁想,是不是我太不善于自我管理?但我也无能为力。尽管我安慰自己,"我并没有超出信用卡限额,这真是万幸",但我无法消除"真的要继续这样的生活吗"的怀疑。难道就没有方法能将我沉重的身心变得轻松一些吗?

## 当有气无力的状态影响了日常生活

你就像仓鼠一样,在滚轮中不停地奔跑。你每天一副没精打采的样子,很难找到未来的希望和幸福。日常生活的琐碎杂务也令你疲惫不堪，似乎你为了活下去而吃饭、整理家务、买生活用品、分配时间和收支管控。

生活日复一日，从某一刻开始，如线团般的日常成为一种惯性。你迫切地渴望迎来全新契机，改变无力的生活。你希望过着朝气蓬勃、幸福美满的人生，但实际上你缺乏目标和自信，不知道该如何改变。

不管是谁，面对这种状况都难免会感到筋疲力尽。也许，现在的你正好处于这个状态。

## 为了更好的生活，努力改变自己

改变的第一阶段，是设定改变的方向。在这个阶段，你既没有想要改变的意愿，又不确定要改变哪些方面。根据个人情况，设定你要改变的方向，你有可能在此阶段花些时间。

如果你对目前的生活不满意，就有必要深思熟虑，你追求的生活是什么样子？请你试着具体写下当生活一成不变时，你对哪些方面感到不满意；同时也写下当发生变化时，你的生活有哪些积极的影响。

·生活一成不变时的不适：无法做好自我管理，不按时吃三餐，经常为消化不良而苦恼；总是赶时间上班；收支不平衡，身心疲惫。

· 想改变的部分（想达成的目标）：按时吃饭，减少消化不良的症状；控制收支，减轻无力感。

**改变的第二阶段，是对改变抱有信心。**在这个阶段，虽然你已经明确改变与意愿的方向，但没有信心实现目标。即使你设定了改变的方向，也经常对改变产生抵触心理，或用消极的态度看待自己。

· 我可以做好自我管理吗？我没有信心。

· 想要过更好的生活，但对于要付出努力而倍感压力。

· 我本来就对缜密规划某件事缺乏自信，非要这样做不可吗？

有趣的是，在这个阶段会出现威廉·米勒（William R.Miller）提出的"改变矛盾的心态"理论。**虽然你期待改变，却反感变化过程中的烦琐细节。想改变却不想付出努力，或没有自信的状态也是如此。**虽然前文强调过，但这种态度会与"唯有投入才有成果"的平凡真理背道而驰。不付出努力，是不可能有所改变的。只有你认同这个道理，才能增强改变的信心。

**努力做好一件事，是重要变化的开始，这与什么都不做在本质上截然不同。努力不会带来坏事，至少不会使目前的状态变得更糟。**

请试着回想，当你没有任何改变时内心产生的不适感，以及做出改变后令人期待的愉悦感。就算改变的过程很艰辛，也

**努力跨出第一步吧！**即使你感到疲惫，也请带着想要改变的意志去努力。请为改变的自己感到骄傲，并给予鼓励。你可以记录努力过后的圆满结果，让自己更加坚定想要改变的信心。**请记住，小小的成功能够增强自信心。**此外，当你灰心丧气时，请将自己正在努力的事情告诉亲朋好友，让他们给予你支持。

　　**改变的第三阶段，是为实现目标而设定具体的任务。**在这个阶段，你改变的意愿和方向都明确清晰，你也拥有强大的自信心，但不知道该从何下手。为了发生改变，你可以开始设定具体的任务。以下是你可以采取的具体行动：

- 下班后，在你打开电视机之前，先把堆积的碗清洗完毕，再准备晚餐。当然，如果你吃完早餐就洗碗更好。在电视屏幕旁边贴上"洗碗之后，再打开电视"的便签来提醒自己。

- 限制每天观看电视节目的时间，尽量控制在 2 小时内。如果不得已超出规定的时间，隔天就把超出的时间扣除，重新调整看电视的时间。

- 不要在用餐后立即躺到沙发上，最好到室外散步 20 分钟。当你无法外出散步时，就在家做 10 分钟伸展运动。或者，你可以买一张伸展运动的图表，贴在墙上，跟着做运动。

- 整理上个月收支明细，找出 5 项不必要的支出，并决心本月不支出这部分费用。你可以办一张新的借记卡，把生活费存到这个账户中，并开通消费用途和余额提醒的短信服务。

如果你没有信心完成所有的任务，可以先设定完成任务的顺序，分阶段进行。也许不是每件事都能按照原计划进行，但重要的是当事情进展得不顺利时，你是否有备选计划。你可以事先想好备选计划，以备不时之需。此外，当你再次黯然神伤时，你会打电话向谁寻求帮助？请你写出至少3个朋友的名字和电话，并依次给他们打电话，倾诉自己遇到的困难，这也是个不错的方法。

制订具体的实践计划。为了发生改变，你必须做出具体的实践。即使你渴望改变、信心十足，但如果没有实际行动，改变也不会发生。**制订具体可行的阶段性计划，并在实践过程中对发生的问题不断调整，这同样很重要。**

也许你会怀疑自己，可以做到如此缜密地制订计划并去执行吗？当然，我并不是说改变是轻而易举的，但如果不经任何努力就能实现的改变，绝对不是重要的事，况且也没有理由百般折磨你吧？**尝试总比什么都不做强，努力尝试后**，即使你未能如愿，至少也不会使目前的情况更糟糕，你也不会有任何损失。

## 进一步了解：现实疗法的 4 个阶段

现实疗法[①]（Reality Therapy）是由精神科医师威廉·格拉瑟（William Glasser）根据解决以下 4 个问题提出的理论。它根据各阶段的英文单词 Want、Doing、Evaluation 和 Plan 的缩写，称为"WDEP"，关键在于替代方案要非常具体，而且必须能够实现目标，才能达到事半功倍的效果。

### 情境举例

和室友因为分担家务的问题吵架。

❶（Want）我希望在这个问题中得到什么？

室友不遵守分担家务的约定与我疏远，我希望能改善关系。

❷（Doing）为了实现目标，我做了哪些具体行为？

我觉得很烦躁，所以大概两周没和室友讲话。

---

[①] 现实疗法是由美国精神病学家威廉·格拉瑟所开创的一个心理咨询和治疗流派。1965 年，格拉瑟的《现实疗法》一书问世，标志着现实疗法的正式推出。

❸（Evaluation）现在我的行为对实现目标有任何帮助吗？

完全无助于改善关系。

❹（Plan）如果我此时的行为对实现目标没有帮助，那么实现目标的有效方法是什么？

找到可以袒露心声的谈话时间。

提问者：具体什么时候可以和室友谈心？

我：可能定在室友从老家回来后的星期一。

提问者：星期一几点？

我：晚上 8 点左右。

提问者：见到室友后，你打算先说什么？

### 现实疗法练习

❶（Want）我希望在这个问题中得到什么？

_____

_____

❷（Doing）为了实现目标，我做了哪些具体行为？

_____

_____

❸（Evaluation）现在我的行为对实现目标有任何帮助吗？

_____

_____

❹（Plan）如果我此时的行为对实现目标没有帮助，那么实现目标的有效方法是什么？

_____

_____

CHAPTER
17

## 未来由你自己决定

## 考研和工作哪个好？

　　我是一名大学生，升入大四后，越来越苦恼未来的出路。刚上大学时，我几乎没考虑过未来的出路，所以我经常参加社团活动，度过了愉快的大学生活。我从其他城市来到首尔求学，自己在外租房居住。虽然我对于父母在经济上的支持很过意不去，但仍很享受这般自由自在的生活。

　　升入大二后，朋友们都全心投入到苦读英语、申请实习等"积累经验"的事情上，但我一心想要摆脱紧张的高中生活，享受自由的大学生活，我认为那些朋友太现实了。我完全不关注补习班或语言学习，大部分时间都和社团的朋友们在一起，我还参加了校内演出。从大二下学期开始，我对课程很感兴趣。我努力读书，并取得了优异的成绩。

　　升入大四后，当我看到周围的朋友都找到了理想的工作，或者到研究所实验室实习时，内心不免焦虑起来。仔细想想，相较于其他朋友，我的成绩很普通。我既没有实习的经验，又没有过硬的资格证书,我对自己感到很失望。看着这些朋友,我顿时觉得自己好像是掉队的人。我时常陷入自责,也开始苦恼未来的出路。最后,我决定先在工作和考研之间做出选择,再做接下来的准备。

如果是先找工作(方案 A),我现在就必须立刻申请实习或准备个人简历参加人才招聘会,但如果选择考研(方案 B),那就要去学几门必修课程,最好再申请到研究所实验室实习,以便积累经验。虽然我比同年级的同学稍迟,但只有现在做出决定,才能在毕业的同时找到工作。可是,在这两个方案之间,究竟哪一个才是我真正想要的?眼见做决定刻不容缓,我却举棋不定,我到底该怎么办?

## 选择困难,我该怎么办?

**人生就是一个不断选择的过程。**你要决定未来出路、选择终身伴侣,还要选择今天午餐吃什么。虽然选择午餐并非难事,但选择未来出路和伴侣将对你产生深远的影响,所以难以选择也是可以理解的。假如你已经确定选择哪个方向更好,那么选择的过程就会容易些,但可惜的是,你无法预知未来。你只能在无法得知结果的情况下做出选择,并承担这种选择的一切后果,而选择的痛苦也在于此。

这种情况通常被称为"A或B"的选择题。你的时间有限，必须尽快在找工作（A）或考研（B）之间做出选择。现在，我们一起来解决你的烦恼。

首先，试着用百分比给A和B评分，判断自己更倾向哪个选择。假如A的偏好度是100%，B的偏好度是0，那你就没必要苦恼了吧？假如A是70%，而B是30%，在这种情况下，A占了大多数的比例，所以你也能轻而易举地选择A。但假如A是50%，B也是50%呢？这个选择就很艰难了。

另外，在二选一的情况下，假如A的偏好度是51%，B是49%，而你又必须尽快做出选择，那么选择A是合理的。**更重要的是，你要竭尽全力让这51%的选择达到100%的满意结果**。假如A、B的偏好度不相上下，或许做出选择后的努力程度才是成功的关键。

多数"A或B"的选择题都类似，A与B的偏好度几乎占有相同比例，所以如果只用百分比来衡量偏好度，难以做出决定。

为了帮助在升学与求职岔路上两难的你，我们尝试选择其中的一项进行分析，首先选择就业。

"生活不容易，你的父母在经济上也不宽裕，考研这个想法似乎不太实际，还是求职比较实际吧？"

那么，你可能会为考研辩解。"没错，但读书也要看时机，如果我现在因为经济条件而放弃考研，以后还有机会吗？如果想在公司生存，也要非常努力才行。一旦我投入工作，就不会有读书的念头了。我将来后悔怎么办？"

比起求职，你好像更倾向考研，所以我们试着分析考研的优势。"是啊，读书还是要抓住时机。只有本科学历，或许专业性不太够，况且考研是大势所趋。虽然你当下没有收入，但考研是对未来的投资，抓住机会去考研吧。"

似乎考研更接近你的内心想法，但这时你又说："可是万一读研不顺利，我发现这不是想要走的路，那该怎么办？到时我重新求职，至少要比其他人晚两三年。想到上研究生所花费的成本和学费，那是一笔不小的数目。我已经给经济不宽裕的父母带来很多负担，心里一直过意不去，就连生活费和大学学费都是父母资助我的……"

既然如此，选 A 有问题，选 B 也有问题，该怎么办才好呢？让我们保持耐心，重新提出建议吧。"你试着在纸上写出选择 A 和选择 B 的优缺点，根据重要性加权计分后，选择总分比较高的那一个。"这听起来很合理吧？

**这种选择方法被称为"损益比较法"（Benefit/Cost Comparison），有时对选择有显著的效果。你先分别将选择 A 和选择 B 的优缺点写下来，然后计算每一项分数。不过，即使你算出总分，某项的分数略高于另一项，你可能也会纠结**

不已。

"虽然我现在选择了一项,但此时的优点未必以后也是,而且还可能恰恰相反,到时我又该怎么办?"我认为的合理建议,总是在选择过程中反复碰壁。只有天生优柔寡断的人才会经历吗?即使竭尽全力,也无法做出好的选择,真令人遗憾。

## 全方位考虑,告别选择困难症

学习动机强化理论的提倡者威廉·米勒将这种情况定义为"A 或 B"的选择题,而困境正是始于人们急于解决问题。**米勒博士表示,选择不应该定义为"A 或 B"的问题,而是"A 和 B"的问题。**在你的内心世界中,A 和 B 两个选项有相近的权重,因此才会发生双趋冲突(Approach-approach Conflict)。在这种情况下,使用上述方法选择哪项都无济于事,反而导致你为相反的选项辩解。这两个选项似乎分别坐在跷跷板的两端,摇摆不定。

那么,如何有效地缓解选择困难呢?

第一,请你站在"A 和 B"的角度做选择,而非"A 或 B",你不用试图说服哪个方面。在选择的过程中,关键要耐心地倾听选择困难者的想法,并尽量感同身受。与倾听者共情,能有效地帮助选择困难者解决问题。你应该设身处地倾听,减少对方的不安感，使他在轻松的氛围下敞开心扉，说出更多内心的话。

第二，**帮助对方缓解立即选择的焦虑感**。在你们讨论之前，当事人可能有很多想法，因此他很难尽快做出选择。如果你急于让对方在 A 和 B 之间选择，只会增加他的负担，无益于解决问题。**你应该告诉对方，暂时放下选择的负担也无妨。**

第三，**鼓励对方自由探索人生的重要价值**。当你摆脱迫在眉睫的选择压力后，你可以继续探索其他"精神世界"的重要内容。在此阶段，你可能会谈到各种话题，比如"我一直认为，女性也要从事专业性的工作。我妈妈的高中成绩很好，毕业后就到公司上班，但婚后把全部精力都奉献给了丈夫和孩子。妈妈曾说，不知从何时开始就没有自己的人生了。她希望身为女儿的我，结婚后能有一份专业的工作，理直气壮地活着。"

第四，**以人生的重要价值为基础，帮助对方再次审视选择**。当你充分表达人生的重要价值后，再回到"A 或 B"的问题上，探索选择哪项有助于实现人生价值，这个过程不可或缺。你可能会说："经历整个过程后，我发现从事专业的工作比做个普通的上班族更重要。那么，就算我当下没有收入也无妨，我想要继续求学，提升我的专业性。对于学费的负担问题，我想通过兼职或家教的方法来解决。"

选择的问题总是如此。**我们之所以选择困难，说明问题至关重要。**无论选择 A 还是 B，都不能决定我们未来经历困难与否。此时的选择是否正确，往往取决于往后的努力。**假如你在决定之前已经深思熟虑，那么尽力让你的选择创造出最好的结果，这才是正确选择的关键。**

许多人期待向前辈寻求"人生应该怎么活"的答案。存在主义心理治疗师维克多·弗兰克尔（Viktor Emil Frankl）曾说过："人们总希望世界、上帝或周围的人告诉自己人生的意义，但最应该回答这个问题的人，正是他们自己。"

## 进一步了解：选择的利弊分析

这项活动是通过比较特定选择时的预期好处和损失，帮助你更清楚地了解想要的方向。它与一般方式的不同之处在于，以 2：1 的比例来写下预期的收益和损失。这是为了缓解随着选择而来的忧虑，帮助你能以正面的心态做出选择。

**情境举例**

决定和昔日恋人复合。

| 选择的好处 | 选择的损失 |
|---|---|
| 因为交往过，重新适应时间短 | 可能会因为类似的问题而再度失望 |
| 分手期间，切身感受到彼此的重要性，会把两人的关系看得更重要 | |

情境

| 选择的好处 | 选择的损失 |
|---|---|
|  |  |
|  |  |
|  |  |

CHAPTER

# 18

## 只要方向正确，
## 比别人晚点儿出发也无妨

## 选择做擅长的事还是感兴趣的事？

我是法学院的在校学生，在身为律师的父亲的建议下，我申请了一流大学的法学院，并以优异的成绩入学。与其他忙于联谊或社团活动的同学不同，我从入学就全心投入司法考试。我的日常生活就是上课、到补习班学习，以及在图书馆苦读到深夜。朋友们自然与我疏远，除了和准备考试的一两位朋友一起吃饭之外，我的大学生活平淡无奇。我本来就习惯了单调的生活，所以也没有什么不满。

大二时，我通过司法考试的第一阶段，父母高兴得合不拢嘴，我也因此感到安慰，更加埋首苦读，但第二阶段考试两次落榜，我突然产生了人生毫无意义的想法。不知不觉间，大四上学期结束，环顾四周，我发现同学们都在积累经验，我却什么经验都没有。我无法摆脱失落感，觉得很痛苦。仿佛在天寒地冻的冬日，我孤零零地站在田野上。

后来，为了补上毕业学分，我偶然修了一门文学素养课程，在完成写作报告的过程中，我对小说家这个职业产生了兴趣。回想过去，我从小就很喜欢阅读小说。之前我不清楚自己的方向，似乎一直都按照父母的期望生活。

虽然教授对于我的写作报告评价不高，但我觉得以写作为职业很不错，所以告诉父母我想放弃考试，转到文学系，结果遭到父亲的强烈反对。父亲无法理解，他说："你的头脑这么聪明，为什么要当从未设想过的小说家？你能通过司法考试第一阶段，显然说明你有当法官的潜质，应该更加努力才对。"相较于父亲，母亲虽然理解我，但她难免心中不安。就算我能顺利踏进文坛，但成为畅销作家也遥不可及。

我对自己浪费光阴的自责感涌上心头。究竟我该从现实出发，坚持过去的努力，参加可能会成功的考试，还是为了感兴趣的事，果敢地选择另一条全新的路？为此我困惑不已。

## 人生是一场马拉松，而不是百米短跑

对年轻人来说，在未来的不确定性中选择出路或职业，犹如拼凑高难度的拼图。特别是选择大学或专业时，很多人会听取师长或亲朋好友的建议，然而，当他们进入大学后，对未来的出路更加迷茫。据统计，美国大学生改变职业方向的平均次数达到 5 次；韩国的很多大学不但开设职业方向讲座，而且设有职业生涯咨询中心。

因为每个人的情况各异，所以难以选择未来方向的理由千差万别，但这些理由的本质都是基于无法预测选择的结果。**面对未来的出路，越是优柔寡断之人，就越容易惶恐不安。**

你的大部分时间都花在司法考试上，落榜可能让你萎靡不振。你的学习成绩优异，能够考入一流大学的法学院。当你通过司法考试第一阶段时，也有胜券在握之感吧？然而，站在第二阶段考试落榜的结果面前，你一定觉得过去的所有努力都化为泡沫，对自己大失所望。

很多年轻人为选择出路而感到困惑，或者在实现目标的过程中遭遇失败，从而灰心丧气。我想告诉你们，**与其因为一时的失败而自责、埋怨他人，不如鼓励一下勇敢尝试和全力以赴的自己。**

不管是谁，在选择的道路上，面对付出与回报不成正比，都会感到心灰意冷。你会因"要是更加努力就好了"的自责感而痛苦，或者埋怨父母不相信你，没给你充分支持。如果你总是悔过自责，最终会丧失自信心，也给探索全新出路带来负面影响。因此，**请设定一个时间，允许自己只在这段时间内黯然神伤，此后，你必须竭尽全力地努力。**我们不能控制未来的结果，所以请为朝向目标而奋斗的自己感到骄傲，善待并鼓励熬过那段艰辛过程的自己。

**人生是一场马拉松，即使你比他人稍慢一些，天也不会塌下来。** 与资历丰富的朋友相比，很容易让自己成为落后者，或者产生被排拒在外的感觉。我并不是说年轻人的挫折感无足轻重，或是很容易克服，我只是希望你能相信，人生是一场马拉松。

年轻时，比同龄人晚一两年工作，就觉得自己好像落后了；到了中年，回想二三十年前的年轻时期，也想不起来当时的具体经历。23 岁时，觉得晚一步是很严重的事，但如果 60 岁时再回头看，就会觉得 23 岁和 24 岁区别不大。相反，为了前进两步而后退一步，可能会有助于职场生活。

## 趁着年轻，做自己想做的事

第一，请收集与自身兴趣与个性相关的信息。探索未来出路时，关键在于获取与自身需求相关的信息。**你有必要先了解自己喜欢什么（兴趣），自己做哪些事有成就感、效率会提高（适应性）。** 为此，你可以尝试做学校或某些机构的"职业方向心理测验"，也许能给你带来帮助。

在此，我向你推荐霍兰德（John Holland）职业兴趣测试。这项测试根据职业与兴趣，分为研究型、艺术型、社会型、企业型、传统型、现实型 6 大类。此外，MBTI 性格测验则是根据内向／外向、直觉／感觉、思维／情感、判断／知觉 4 个维度的组合，将人们分为 16 种性格类型。当然，为了更好地了解测试结果，并为你的职业方向选择提供实质性的帮助，你也可以向经验丰富的专家咨询。

第二，请区分自己擅长的事与想做的事。在探索未来出路时，最常见的困难之一就是自己擅长的事与想做的事不同。实际上，许多人都会苦恼，究竟该选择相对熟悉的事，还是选择尝试全新挑战？要把擅长的事作为职业吗？还是应该选择想做的事呢？对于多数大学生来说，有 1/3 的人选择前者，2/3 的人则选择后者。

关于这个问题，因为每个人价值观不同，所以答案各异。**如果你追求财富名利，就会选择做自己擅长的事，以此更接近成功；相反，如果你期望自己获得平凡的幸福，就会选择做自己想做的事。**当然，有些人也可能做出结合两者的选择，把擅长的事当成职业，把想做的事当成兴趣。以法官身份在社会上占有一席之地，50 岁后步入文坛的人也不少，因为从法官写判决书的角度来看，这个职业也和作家相关。

你可以在年轻时做自己想做的事，只不过先为自己设定一个期限，再去尝试。从上述案例来看，你可以先从事 3 年小说家的工作，若你在工作过程中感到自在，就继续下去，但如果不尽如人意，你也可以重返法官之路，或者探索其他职业方向。这样做，至少不会留下始终没有尝试的遗憾，同时也在尝试过程中深入了解自己的兴趣。

我认为，在追求理想的过程中获得的经验是难能可贵的。虽然我目前在大学讲授心理学，但年轻时曾在补习班担任过 3 年的英语讲师。客观地说，补习班讲师与大学教授不同。其实，补习班英语讲师的工作丰富了我与学生互动的经验，有助于我现在的工作。

### 进一步了解：霍兰德职业兴趣自测

心理学家约翰·霍兰德将个人的职业兴趣分为 6 大类，说明其类型名称、性格特征、性向，以及各类分数高的人主要从事的职业。请从下图 6 大类中挑选与自己紧密相关的 3 项，发掘与其相关的职业种类。

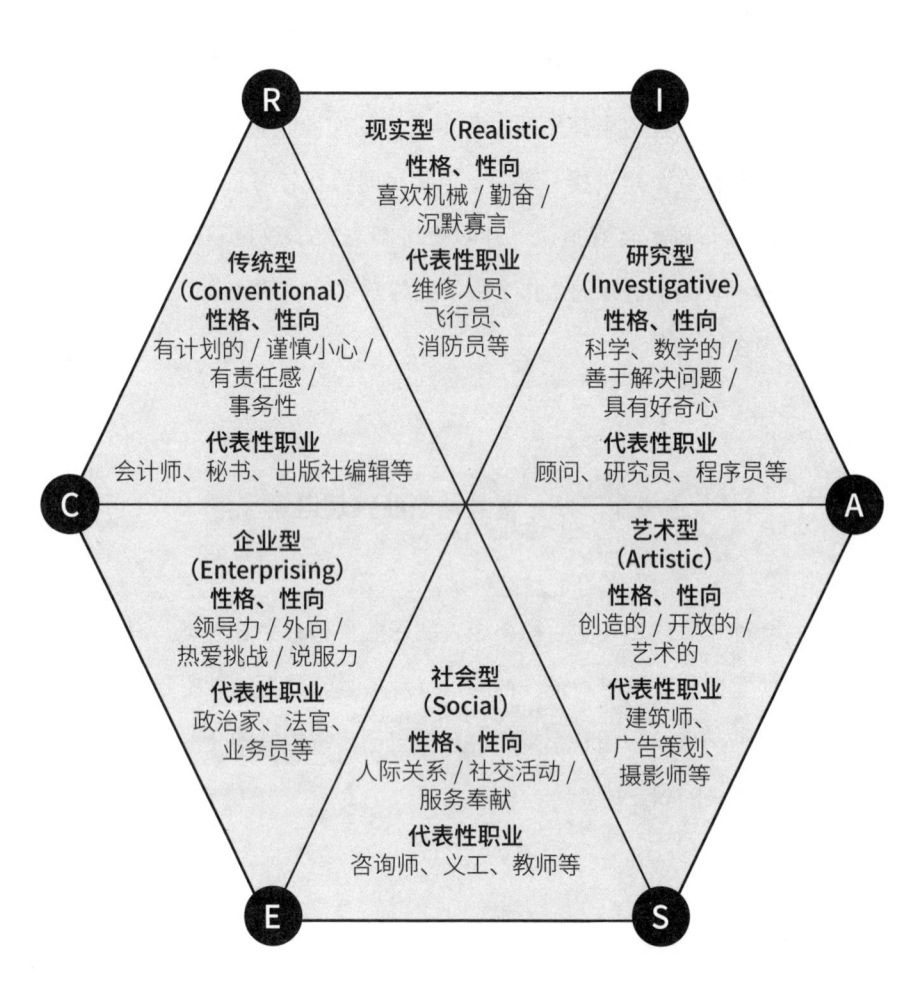

## 霍兰德六边形

**R 现实型（Realistic）**
性格、性向：喜欢机械 / 勤奋 / 沉默寡言
代表性职业：维修人员、飞行员、消防员等

**I 研究型（Investigative）**
性格、性向：科学、数学的 / 善于解决问题 / 具有好奇心
代表性职业：顾问、研究员、程序员等

**A 艺术型（Artistic）**
性格、性向：创造的 / 开放的 / 艺术的
代表性职业：建筑师、广告策划、摄影师等

**S 社会型（Social）**
性格、性向：人际关系 / 社交活动 / 服务奉献
代表性职业：咨询师、义工、教师等

**E 企业型（Enterprising）**
性格、性向：领导力 / 外向 / 热爱挑战 / 说服力
代表性职业：政治家、法官、业务员等

**C 传统型（Conventional）**
性格、性向：有计划的 / 谨慎小心 / 有责任感 / 事务性
代表性职业：会计师、秘书、出版社编辑等

CHAPTER
# 19

## 在倦怠与危机中
## 寻找自我

## 我是谁，我的人生又在哪里？

我不知道何时有自己的时间。早上我给孩子洗澡、送他去幼儿园，然后我去上班，接着就是一整天不停地开会……虽然公婆会在我下班之前帮忙照看孩子，但当我回家后，给孩子做晚餐、洗澡、哄睡都是我的任务。虽然人们都说现在的母亲轻松得多，但我依然觉得疲惫不堪，丈夫总把育儿当作"帮忙"。

转眼间，我也上了年纪，现在已经辞掉工作，做家庭主妇。孩子上学，丈夫在外工作打拼。早上，当家人出门后，我做完家务，坐在沙发上发呆。我突然萌生出一个念头："我是谁？我的人生又在哪里？"编织粉色梦想的少女早已消失得无影无踪，我满脑子只顾一日三餐，但我无法向他人倾诉这空虚的心情，就算说了，也只会被人说是"身在福中不知福"。

丈夫的状况也大同小异。如今他挺着啤酒肚，不再神采奕奕，炫耀子女是他唯一的生活乐趣。如果子女表现得好，换来朋友们羡慕的眼光，他就会眉开眼笑。虽然人们都说，"到这个年纪，子女的优异就是父母最大的人生乐趣"，但我内心的某个角落莫名感到失落。丈夫也垂头丧气地说："如今，再也没有令自己怦然心动的事了。"

## 人到中年的迷惘与空虚

日复一日，我都过着平淡无奇的生活，有时不免蓦然惊觉，竟然发现自己已经到这把年纪了。回想过去，有少不更事、被家人悉心照顾的童年时期，有青涩梦想的少年时期，也有雄心壮志的青年时期，还有就算熬夜工作，隔天上班也无大碍的成年时期。曾经为喜欢某人而苦恼，在强迫自己放下后，经历离别之痛；也曾经不谙婚姻的意义，像他人一样将它视为人生必经的阶段，于是就这样踏入婚姻生活。伴随孩子出生的欣喜，有当父母必须承担的养育责任，以及手足无措的日子。

随着时光慢慢流逝，你的年龄越来越大。某天，你可能突然发现，镜子中的自己看起来如此陌生。眉宇和嘴唇周围的深刻皱纹、逐渐花白的发丝、暗沉的脸色、松弛的皮肤和圆滚滚的肚子，仿佛镜子里是一个陌生人，而年轻时如花似玉的面容早已不复存在。

实际上，同时要兼顾职场、育儿和家庭的妈妈，只能身不由己地变成女超人或女战士。无论是工作、育儿还是家务，没有一件是容易的事。你究竟为了什么奋不顾身呢？或者你只因迫不得已，所以才无可奈何地活着？

婚前曾经拥有的美好愿望，逐渐在生活的现实面前失去光芒。每当羡慕朋友不必工作时，就很厌烦身边呼呼大睡的丈夫，但每天早上看到舍不得与自己分开的孩子，又不禁鼻头一酸。哪怕你生病，也不能安心地卧病在床，不顾及依赖你的家人。面对现实，你的委屈顿时涌上心头。为了让孩子进入千挑万选的公立幼儿园，你排在队伍里苦苦等待，却忍不住扪心自问，此时我的人生究竟排在哪里？

不但职场妈妈辛苦，而且辞职后做家庭主妇，或者最初就是家庭主妇的女人，她们也感到内心空虚。就算做家务再辛苦，别人也不会在意。如果有人能帮忙做家务，那该有多好！有时，就连家庭主妇也不禁呐喊："要是我也有妻子就好了！"只要你打开窗户，即使不久前用抹布擦拭过，也会很快沾染灰尘。到了夏天，一天内有好多毛巾和衣物堆积；到了梅雨季节，忙碌着晾干潮湿的衣物。吃完饭、收拾桌面，接着下一餐又来了。韩国综艺节目《一日三餐》的浪漫，只存在于电视节目中。要做的家务犹如无限符号一般，看不到尽头。丈夫的精力都放在升职与结交人脉上，子女则忙着谈恋爱和交友，他们似乎都忽略了你的存在。唯有当他们需要你，事情不顺心、寻找发泄对象时才会想起你。你心想，也许自己就这样平淡地过完余生，心里苦不堪言。

丈夫为了子女和家庭而全力以赴，咬紧牙关面对不屑和嘲讽。他总是忐忑不安，担心哪天就要"被辞职"。某天，他照镜子时蓦然发现，镜子里有个肩膀下垂、头发花白、脸上布满皱纹的陌生男人。每当收到工资时，他甚至有自己宛如提款机般的违和感。丈夫拿着固定的零用钱见好友，很难大方地请客。即使他如此节俭，账户里的钱也总是入不敷出。在公司，别说训斥新来的员工，他甚至要看下属的眼色行事。在这个大千世界里，唯一能让他感到慰藉的只有孩子。可是，丈夫疼爱有加的女儿到了青春期，开始和他疏远；妻子也经常忘记他的生日。虽然丈夫平时不以为意，但每当想起，失落感和空虚感不禁涌上心头。

这就是人生百态。也许此时的你正在扪心自问：

· 我是谁？

· 我现在要去哪里？

· 如今，再也没有令自己怦然心动的事吗？

· 为什么我感到空虚孤独？

心理学上将这类问题称为"自我认同迷失"。通常，自我认同是青少年时期的重要课题，决定职业与前途。此外，与青春期相对应的中年认同迷失，又称为"第二青春期"。**当你的职业或家庭的角色固定，经济也达到稳定时，你就会重新审视自**

己。若你在这个时期有严重的自我认同迷失，可能会出现不成熟的表现，中年夫妇也容易产生倦怠感或迎来危机。

## 改变自己，寻找人生的全新意义

如何应对中年危机？虽然这个问题没有准确答案，但我想以咨询理论和经验为基础，与你分享几个想法：

第一，**为了家庭，你一直在努力奋斗，请给自己温暖的鼓励**。请你尝试在日记本上记录你曾经完成的重要事情。当你养成记录人生轨迹的习惯时，就能时常回顾这些备忘录，细细回味自己的人生历程。

第二，**有意识地增加与家人共度的时光**。比如每个周末和家人共进早餐，交谈一周所发生的事情。规划夫妻可以共同参与的活动，比如散步、运动、喝茶或学习某项技能等，就算时间不长也没关系。规律的运动可以预防抑郁症，使人变得活力充沛。或者你可以考虑去参加"夫妻学校"或"好父亲聚会"等社团活动。

第三，**养成阅读的习惯，学习前辈传授给你的智慧和建议**。你不需要一口气读完书，而是不时拿出来看几页，细细品味其中蕴含的深意。

第四，**参加志愿者活动**。每个人都是孤独的，都是感受自由、责任和孤独的个体，因此你偶尔感到空虚或孤独也是自然的事。为了寻找人生的全新意义，有的人思考自己的使命，有的人积极参加各项活动，还有的人去做义工，帮助有困难的弱势群体。希望你能找到适合自己的方法，从中感悟生命的可贵，并体会你为社会或他人做出的贡献。

### 进一步了解：抑郁症诊断标准与给自己的信

当你在人生过渡期遇到自我认同迷失时，你可能会产生抑郁情绪。轻微的抑郁就像心灵患上感冒，可以靠运动或转换心情来调节；重度的抑郁可能导致一个人出现偏激的行为。假如你身边有抑郁的人，请仔细观察他是否有以下症状，必要时建议他向精神科医生或心理咨询师求助。

根据每个人的身体状况，抑郁症患者的食欲、体重和睡眠情况，可能会突然增加或减少。无论情况如何，只要身体突然发生变化或疲劳感加重，就有必要多加留意。厌世的想法越深，特别是对人生产生严重的失落感，就说明症状越严重。

**抑郁症的诊断标准**

以下为《精神疾病诊断与统计手册》(*The Diagnostic and Statistical Manual of Mental Disorders*,简称 *DSM*)第 5 版提出的抑郁症诊断标准。当你几乎每天出现 5 种以上症状,而且持续出现两周以上时,就可能患有抑郁症。

❶ 情绪持续低落。

❷ 对日常活动缺乏兴趣。

❸ 食欲或体重明显增加或减少。

❹ 失眠或睡眠过多。

❺ 精神烦躁或迟缓(坐立不安或欲振乏力)。

❻ 疲劳或丧失活力。

❼ 认为人生毫无意义,产生过度或不必要的自责感。

❽ 注意力不集中或优柔寡断。

❾ 反复思考死亡。

如果你认为自己正处于人生的过渡期,建议你写一封给自己的信。当你的内心充满负面情绪时,试着将其写下来,有助于化解负面情绪。

不过,当你写这封信时,请避免写负面的内容,而是尽量写安抚与鼓励的话语。即使身处困境,你也依然为了家人、为了做有意义的事情而不断努力。

请在信件最后写下姓名和日期,将这封信保存 3 个月后再拿出来重新阅读,并与亲近的人分享你的感想。

**给自己的信**

请回顾过去,冷静地放下包围你的伤痛,接着给自己写一封安抚与勉励的信吧。

给亲爱的 _____

_____

_____

_____

_____

_____

我再也不是昨天的我,我相信自己能有所改变。

姓名 _____

_____ 年 _____ 月 _____ 日

CHAPTER
20

持之以恒，收获成功

## 学好英语是我必须面对的挑战

我不喜欢学习英语。我认为只要掌握本国的语言就足够了,不必学习其他国家的语言。然而,因为我将要出国留学,所以学好英语是我必须面临的挑战。最近我一直在寻找能够快速提高英语水平的方法,为此苦恼不已。

首先,我尝试的方法是阅读实用英语书籍。书店里的英语书籍种类繁多,我选择了一本有趣的教材。我期待只要看完这本书,我的英语水平就会突飞猛进。"魔法英语""一个月搞定英语""笨蛋也能轻松学会英语",甚至是"玩着学英语",这些宣传语似乎带给我很大的动力,我一下子买了30多本书。令我惊讶的是,刚开始阅读时,我对每本书的英语学习方法都感到好奇,所以满心期待地阅读,但我往往只读了三四页,便觉得枯燥无味。每当我想到买书所花的钱,都心疼不已。尽管如此,我也不甘心,难道没有其他学习效果满分的英语书吗?于是我又跑到书店买书。

就在我对阅读英语书感到厌烦之际，我看到一则广告说，听地道的真人发音录音带的效果很好，于是我高价购买了一本包含10卷录音带的教材，重拾英语。等我实际开始学习时，我才发现反复听录音太无聊。最后，10卷录音带被我丢到角落，积满灰尘。

不久，我又买了更昂贵的录像带，还买了一个录音笔，它可以记录我的发音，便于反复收听，但这些方法也没能维持很久，我很快又觉得索然无味了。

虽然我很期待快速提高英语水平，但英语成绩总是"原地踏步"。为什么我感到心力交瘁呢？为什么学英语这么困难呢？为什么我找不到轻松学英语的好方法呢？

## 越急于求成，越难以成功

许多人经常陷入捷径与效率的陷阱。那些想用最小付出换取最大回报的人，很容易掉进这个陷阱，这是人们在准备考试或学习某件事情时，经常出现的心理与错误策略。虽然我以学习英语为例，但想重点说明追求捷径与效率的问题。

第一，自认为英语口语不佳，担心说出错误的句子，所以你总是先想好完整的句子后才开口说话，以至于浪费了许多时间。

第二,虽然你很想学好英语,但很容易对反复学习的过程感到乏味。你想找到新颖的学习方法,同时你奢求只要读完这本书,就能快速提高英语水平。

第三,新奇的学习方式对快速提高英语水平来说,只不过是杯水车薪。根据我在美国生活的8年经验,越想在短时间内快速精通英语的人,越容易因一心追求捷径与效率而感到挫败。

## 成功没有捷径,唯有持之以恒地努力

下列方法将帮助你学习英语:

第一,无论学习什么,只要过度讲求能力,就会压力倍增,所以减压很重要。许多韩国人学习英语,都与学校的成绩或特定的考试分数有关,所以把英语当成实力或能力的指标。然而,沉重的学习压力反而会阻碍进步的速度。只有你不把英语当成能力的指标,而是作为对话分享、传达彼此想法的语言,才能减轻内心的负担,达到事半功倍的学习效果。

请放下英语表达的压力。例如,如果要用完整的英语句子讲出"我可以抽根烟吗?",你可以说"Would you mind if I smoke?"或"Would you mind my smoking?"。但实际上我遇到的很多美国人会说，"Mind if I smoke？"或许，即便你说"Smoking, OK？"在沟通上也完全不成问题。再比如，同学在团购书籍时，你打算说"算我一份"，想说出"Would you include me？"的时候，母语者则会简单地说："Count me in."。所以，**请你摆脱完美地表达英语的想法，将重点放在语言原本的目的——沟通上，这才是提高英语水平最有效的方法。**

**第二，当你不再过度追求捷径与效率时，学习效率反而会提升。**在学习英语时，你犯下"效率陷阱"的错误。虽然你购买了30多本英语教材和各种视听教材，但英语水平依然在原地踏步。你总是匆匆读完几页英语教材，就感到枯燥乏味，原因很可能不在于教材本身，而在于你错误的学习方法。

尽管你有30多本英语教材，却连一本都没有读完，也没有反复练习英语。你急于精通英语，并且追求以最小付出换取最大回报，这两个因素导致你没读完任何一本教材，也不愿意反复练习。你虽然想追求效率，结果却效率低下。

**天下没有免费的午餐，也没有唾手可得的东西，即使存在，也不是有价值的东西。**"一分耕耘，一分收获"，这是尽人皆知的道理。因此，如果你想要学好英语，却厌倦反复练习，你的愿望当然不会实现。**放下寻求捷径的心态，你才能拥有全新的开始。**

我们每天有多长时间讲英语？假如每天少于 1 小时，那我们的英语水平当然不如英语母语者，因为他们平均每天至少要讲 12 小时英语。

因此，如果你真想学好英语，关键在于增加反复使用英语的时间。如果你每天只背一个单词，虽然别人可能会嗤之以鼻，但你一年就能学到 365 个单词。一般的英语对话，大概用到 500 个单词就足够了。实际上，美国儿童使用数量有限的单词，也能说出流利的英语。虽然你每天只背一个单词，但长期坚持不懈地努力并非易事。

第三，请审视你在学习时是否经常被别出心裁的内容吸引。英语中有个说法叫作"Give me a break！"（饶了我吧！），这句话的意思通常是表达者请求他人能网开一面。很多英语学习者喜欢钻研新奇的英语表达，但实际上这些表达并不常见。与此相比，反复并持续学习在日常生活中频繁使用的说法和例句，能够更快地实现目标。例如，如果你想对某人说"请把它放下"，可以直截了当地说"Put it down."。同时，在表达"组装"时，比起"assemble"这个单词，"put together"的表达更加常用。

当你学习某件新事物时，不要陷入效率的陷阱，而是持之以恒地努力，才能最快抵达目的地。

### 进一步了解：精熟目标导向与表现目标导向

在完成工作时，根据你的目标导向，可能会产生不同的结果。目标导向分为精熟目标导向（Mastery Goals Orientation）和表现目标导向（Performance Goals Orientation）。建议你把完成工作视为学习与成长的过程，或是把重心放在执行工作的结果上。

⊙ 精熟目标导向

这个概念是指在完成工作时，以提高工作熟练程度与开发自身能力为主要导向。这种导向强烈的人偏好挑战性的工作，对于失败的恐惧感较低。因为这类人将重心放在挑战与努力的过程上，所以即便他们失败，也不会降低工作的兴趣，他们可以在工作过程中保持稳定的情绪。

⊙ 表现目标导向

这个概念是指通过工作来确认自身能力的一种倾向。这种导向强烈的人很在意自己是否比他人做得更好，并且对于他人给予的评价或反馈很敏感，因此对于失败的恐惧感较高。对这类人来说，失败可能意味着自己的无能，降低自尊感，甚至会导致抑郁。

根据学者们的研究，同时考虑两种目标导向及趋向与回避的行为模式，将其分为4种类型，即趋向精熟、逃避精熟、趋向表现及逃避表现。学者们根据各种类型，研究执行过程中的差异性与心理适应性。

＊原著作的参考文献因中文翻译版的篇幅限制而删除。

请让他们活出他们的人生,
而你也活出自己喜欢的人生。